# 와! 폭탄먼지벌레다

새벽들 아저씨와 떠나는
밤 곤충 관찰 여행 3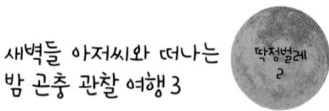

# 와! 폭탄먼지벌레다

초판 2쇄 발행일 2021년 4월 29일
초판 1쇄 발행일 2019년 9월 4일

지은이 손윤한
펴낸이 이원중

펴낸곳 지성사  출판등록일 1993년 12월 9일  등록번호 제10-916호
주소 (03458) 서울시 은평구 진흥로 68 2층(북측)
전화 (02) 335-5494  팩스 (02) 335-5496
홈페이지 www.jisungsa.co.kr  이메일 jisungsa@hanmail.net

ⓒ 손윤한, 2019

ISBN 978-89-7889-421-0 (74470)
ISBN 978-89-7889-401-2 (세트)

잘못된 책은 바꾸어드립니다. 책값은 뒤표지에 있습니다.

「이 도서의 국립중앙도서관 출판예정도서목록(CIP)은 서지정보유통지원시스템 홈페이지(http://seoji.nl.go.kr)와
자료공동목록시스템(http://www.nl.go.kr/kolisnet)에서 이용하실 수 있습니다. (CIP제어번호:CIP2019033018)」

⚠ 주의 사항: 책장에 손을 베이지 않게, 책 모서리에 다치지 않게 주의하세요.

새벽들 아저씨와 떠나는
## 밤 곤충 관찰 여행 3

딱정벌레 2

# 와!
# 폭탄먼지벌레다

글과 사진 • 손윤한

지성사

# 일러두기

1. 여기에 실린 곤충은 대부분 밤에 만난 친구들이지만 필요한 부분을 설명하기 위해 낮에 만난 친구들도 함께 소개했어요.

2. 되도록 같은 종류끼리 묶어서 소개했어요. 예를 들면 매미는 매미끼리, 잠자리는 잠자리끼리, 딱정벌레는 딱정벌레끼리, 노린재는 노린재끼리 식으로요. 같이 알아두면 좋기도 하고 나중에 다시 찾아보기도 편할 거예요.

3. 밤 곤충을 관찰하려면 먼저 관찰 텐트나 등화 천을 설치하고 나서 밝은 등불을 비춰 곤충들을 불러들여야 해요. 등화 장치를 설치한 뒤 곤충이 모일 때까지 주변을 살펴보면서 밤 곤충을 관찰했지요. 사진에서 바탕이 하얀색이거나 그물망처럼 보이는 배경은 등화 장치에 모인 곤충이고, 자연을 배경으로 한 곤충들은 밤 숲을 이동하면서 관찰한 거예요.

4. 밤 숲에서 만나는 곤충을 맨손으로 함부로 만지면 안 돼요. 우리가 모르는 성분을 가진 나방이나 애벌레도 있거든요. 특히 쐐기나방 애벌레나 불나방, 독나방 애벌레는 조심해야 해요. 또 턱이 잘 발달한 육식성 곤충들이 물 수도 있어요. 물론 벌처럼 침으로 쏘는 곤충도 있지요. 그냥 눈으로만 관찰하는 게 좋지만 필요할 땐 꼭 채집통이나 관찰통에 넣고 보도록 해요.

**5.** 밤 곤충을 관찰하려면 몇 가지 준비가 필요해요.

헤드랜턴, 손전등, 얇은 긴 옷과 바지, 발목까지 올라오는 신발, 비상약, 모자, 목에 두를 스카프나 손수건, 물과 간식, 관찰통 등.

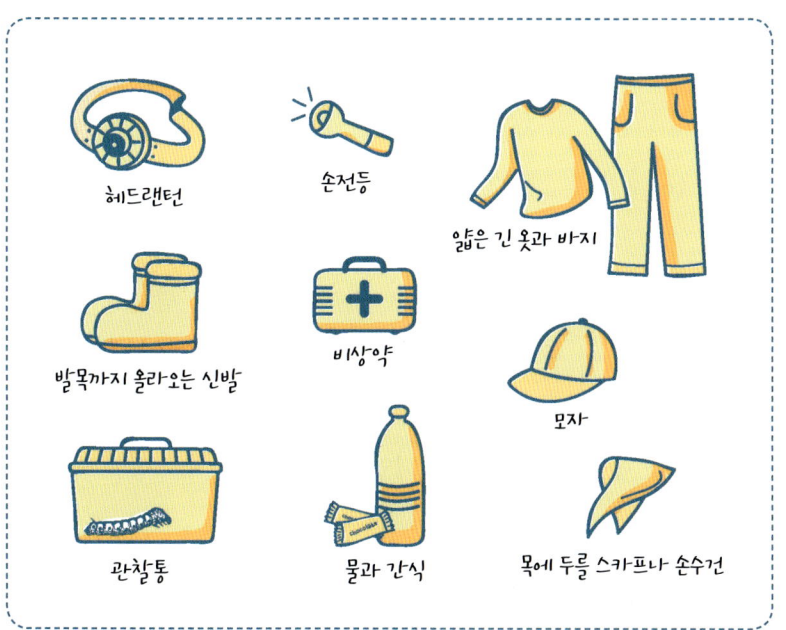

## 들어가는 글

명(明)!

제가 좋아하는 한자예요. 명(明) 자는 해[日]와 달[月]을 합쳐서 만든 글자지요. 해의 밝음과 달의 밝음을 동시에 보아야만 밝음[明]을 이해할 수 있다는 뜻이지요.

생태계를 보는 시각도 이와 비슷하다고 생각해요. 처음 자연에 관심을 가졌을 때는 주로 낮에 산이나 들로 다니면서 생물을 관찰했지요. 그러다가 어느 날 문득 호기심이 드는 거예요.

'푸른 하늘을 날아다니는 저 예쁜 잠자리들은 어렸을 땐 어떤 모습일까? 그리고 밤에는 어디서 뭘 할까?'

이런 호기심에서 비롯된 저의 생태 여행은 물속으로 그리고 밤으로 이어졌어요. 물속 생물 관찰 여행은 《와! 물맴이다》에서 소개했지요. 밤 곤충 관찰 여행은 밤에 만난 나방 이야기 《와! 박각시다》를 시작으로, 이제 《와! 참깽깽매미다》 《와! 폭탄먼지벌레다》 《와! 콩중이 팥중이다》로 마무리되었어요.

생태계를 명(明)의 눈으로 보고 싶어졌어요. 그렇게 시작된 관찰 여행…….

밤으로의 생물 관찰 여행은 새로운 세계였어요. 낮에 보지 못했던 많은 자연 친구들을 만날 수 있었지요. 화려한 나방들 그리고 더듬이가 긴 베짱이들과 멋진 딱정벌레들, 일일이 다 설명할 수 없을 정도로 많은 자연 친구들을 만나서 행복했어요. 그리고 낮에 봤던 친구들이 밤에는 전혀 다른 모습을 보여주어 더 신기했지요.

이렇게 몇 년 동안 밤 숲을 다니다 보니 제가 만난 친구들을 소개해 주고 싶다는 생각이 들었어요. 그래서 여기에 작은 결과물을, 부끄럽지만 조심스럽게 내놓아요.

제가 만난 멋지고 아름다운 밤 생태계가 조금이라도 전달되었으면 좋겠어요.

이름만큼이나 생김새가 멋진 참깽깽매미를 비롯한 많은 매미들, 밤 숲에서 휴식을 취하는 잠자리들 그리고 섬에서 만난 당당한 풀무치와 조롱박먼지벌레와 제 연구소 밤 마당에서 만난 벌 집안과 파리 집안의 많은 친구들의 모습은 감동 그 자체였어요. 장수풍뎅이와 사슴벌레, 멋쟁이딱정벌레, 먼지벌레, 버섯벌레, 방아벌레, 목대장 등 수많은 딱정벌레들과 강도래와 날도래, 대벌레, 집게벌레, 바퀴……. 다시 생각해 봐도 신나고 가슴 벅찬 시간들이었어요. 참, 밤 숲의 또 다른 주인인 베짱이, 쌕쌔기, 긴꼬리 같은 여치 집안과 메뚜기 집안의 많은 친구들과의 만남도 잊을 수 없어요. 다양한 사마귀와 노린재들과의 만남도 신나는 추억이었지요.

지난 몇 년 동안 밤 숲을 다니면서 분에 넘칠 정도로 많은 곤충들을 만난 것은 행운이었어요. 우리 주변에 이런 멋진 곤충들이 산다는 것은 정말 축복이라는 생각이 들어요. 이들과 지낸 지난 몇 년 동안의 소중한 기록을 소개할 수 있어서 기뻐요. 이 책을 읽는 여러분도 저처럼 밤 숲의 매력에 흠뻑 빠지는 계기가 되었으면 좋겠어요.

명(明)!
해와 달의 밝음을 같이 알아야 하듯이, 숲의 낮과 밤을 동시에 이해해서 생태계뿐만 아니라 삶에도 명(明)한 사람이 되었으면 좋겠어요.

다래울 작업실에서 새벽들 씀

## 등장인물

**새벽들 아저씨** 다래울이라는 작은 마을에 1인 생태연구소 〈흐름〉에서 곤충과 거미를 직접 키우기도 하고 아이들과 함께 산과 들로 생태 관찰을 하러 다니는 것이 여전히 신나고 재미있습니다. 게다가 우리 동네로 이사 온 영서, 영서 친구 진욱과 함께 7일 동안 다닌 거미와 그 뒤로 물속 생물 관찰 기록을 정리하여 책으로 《와! 거미다》,《와! 물맴이다》를 펴냈지요. 밤의 숲 생태를 관찰하기 위해 캠핑장 통나무집에서 머물던 어느 날 밤, 영서와 진욱이가 불쑥 찾아왔네요. 어찌나 놀라고 반갑던지요.

**영서** 다래울 마을로 이사 와서 새벽들 아저씨를 만나 아저씨와 함께 7일 동안 거미 관찰 여행과 물속 생물 관찰 여행은 정말 잊지 못할 소중한 경험이었어요. 여행이 끝난 뒤 아저씨는 밤의 숲 생태를 관찰하신다며 당분간 만나기 힘들 거라 하셨지요. 아저씨를 만나지 못해 아쉽지만, 진욱이와 나는 '둠벙 둠벙' 탐사를 하며 나름 즐거운 시간을 보냈어요. 푹푹 찌는 여름날, 더위를 피해 진욱이네 가족과 함께 캠핑장에 놀러갔지요. 이리저리 둘러보는데 몇몇 아이들이 캠핑장 맨 위 통나무집에서 밤마다 이상한 일이 벌어진다며 수군거리더라고요.

**진욱** 영서와 같은 유치원에 다닌 단짝 친구예요. 다래울로 이사 간 영서 덕분에 재미있고 유쾌한 새벽들 아저씨를 만난 건 내겐 행운이었어요. 아저씨와 영서와 함께한 거미와 물속 생물 관찰 여행으로 자연 생태계의 생명에 대한 신비함과 소중함을 알게 되었어요. 새벽들 아저씨가 또 다른 연구 과제로 바쁘셔서 한동안 만나지 못해 아쉬웠어요. 영서네 가족과 캠핑장에 도착한 어느 날, 통나무집에서 밤만 되면 어떤 아저씨가 하얀 침대보 같은 걸 쳐 놓고 뭔가를 한다는 얘기에 귀가 솔깃해졌어요. 혹시?!

## 차례

일러두기 … 4

들어가는 글 … 6

등장인물 … 8

멋진 비틀즈(Beetles), 딱정벌레들! 🐞 10

먼지 날리듯 달리는 먼지벌레들! 🐞 18

화려한 버섯벌레! 🐞 32

거저리와 썩덩벌레! 🐞 42

자연의 청소부, 송장벌레! 길 안내자, 길앞잡이! 🐞 56

동글동글 반짝반짝 풍뎅이와 꽃무지! 🐞 70

방아 찧는 방아벌레! 🐞 94

신기한 이름의 약대벌레, 병대벌레, 의병벌레, 목대장! 🐞 108

하늘을 나는 소, 하늘소와 하늘소붙이! 🐞 116

닮은 듯 다른 무당벌레와 잎벌레! 🐞 148

목이 긴 거위벌레, 주둥이가 긴 바구미! 🐞 176

찾아보기 … 204

참고한 자료 … 211

# 멋진 비틀즈(Beetles), 딱정벌레들!

멋쟁이딱정벌레

**새벽들** 오늘은 산길을 다니면서 주로 바닥에서 생활하는 곤충들을 살펴볼 거야. 보통 날아다니기보다 기어서 이동하는 곤충을 보행충이라고 한단다. 이 친구들이 오늘의 주인공이다. 모두 헤드랜턴은 준비했지? 자, 출발!

**영서, 진욱** 네, 아저씨~.

**새벽들** 우리나라에 사는 곤충 중에서 가장 개체 수가 많은 무리는 딱정벌레야. 뿐만 아니라 동물 가운데 가장 개체 수가 많은 무리란다. 그래서 어떤 사람은 이 지구를 딱정벌레 왕국이라고 표현하기도 해. 그만큼 많다는 뜻이지.

**영서** 와, 멋져요. 그럼 우린 딱정벌레 왕국을 탐험하는 모험가들이네요, 헤헤.

**새벽들** 그렇지, 하하하. 멋진걸!

**진욱** 여기 딱정벌레 왕국의 멋쟁이 대장 한 마리가 있어요! 크기가 장난 아닌걸요. 멋진 딱정이예요.

**영서** 와, 멋쟁이딱정벌레다~. 밤에 보니까 더 멋지다.

**새벽들** 너희 멋쟁이딱정벌레를 아는구나. 맞아, 아주 멋진 녀석이지. 우리나라 딱정벌레 가운데 아주 큰 종에 속해. 이 녀석은 날지 못하고 주로 기어 다니면서 사냥하고, 대단한 육식가야. 지렁이나 나방 애벌레 등 닥치는 대로 잡

멋쟁이딱정벌레

아먹거든. 딱지날개가 빛을 받으면 여러 가지 색이 나타나는데 그 때문에 멋쟁이라는 이름을 붙였어. 밤 곤충을 탐사할 때마다 만나는데, 언제 봐도 멋진 녀석이야.

**진욱** 여기도 있어요. 아저씨 말대로 자주 보이나 봐요. 정말 멋있어요. 이 아이는 육식만 하나요?

**새벽들** 대부분 육식을 하지만 가끔 수액이 흐르는 나무 밑동에도 모인단다. 야행성이라 밤에 오면 쉽게 만날 수 있어.

멋쟁이딱정벌레

**영서** 어, 저기 저 나무에 보세요. 커다란 딱정벌레가 있어요. 저쪽으로 가 봐요.

**진욱** 어디? 와, 홍단딱정벌레로 보이는데? 빨리 가 보자.

**새벽들** 와, 구릿빛이 멋진 홍단딱정벌레구나. 녀석도 멋쟁이와 마찬가지로 대형 딱정벌레란다. 대체로 쉽게 보이는 녀석이야. 낮에는 주로 땅속에 숨어 있다가 밤이 되면 저렇게 나무 위로 올라가 나비나 나방 애벌레를 사냥하는 것으로 유명해. 물론 뒷날개가 발달하지 않아 날지 못하니까 기어 다니면서 사냥하는 대표적인 보행충이지. 짧은 시간 동안 멋진 녀석을 둘이나 만났으니, 앞으로 더 기대가 되는걸?

**진욱** 아저씨, 여기 좀 보세요. 여기 동물 똥에 딱정벌레가 있어요. 등에 줄무늬가 촘촘해요.

**영서** 으~ 똥이다. 쟤도 똥에서 영양분을 먹나 봐요.

**새벽들** 족제비 똥이구나. 자세히 보니 똥에 작은 뼈 조각이 보이네. 쥐를 잡아먹은 모양인데? 족제비 똥은 우리에겐 쓸모없어 보이지만 곤충들에게는 아주 좋은 영양분이 들어 있는 밥이란다. 지금 족제비 똥에 온 녀석은 검정명주딱정벌레라고 하지. 진욱이 말대로 등에 줄무늬가 촘촘히 나 있는 게 특징이야. 이 녀석도 야행성이라 밤에 돌아다니면서 먹이를 구한단다.

**진욱** 여기도 똑같은 아이가 애벌레를 사냥했어요.

홍단딱정벌레

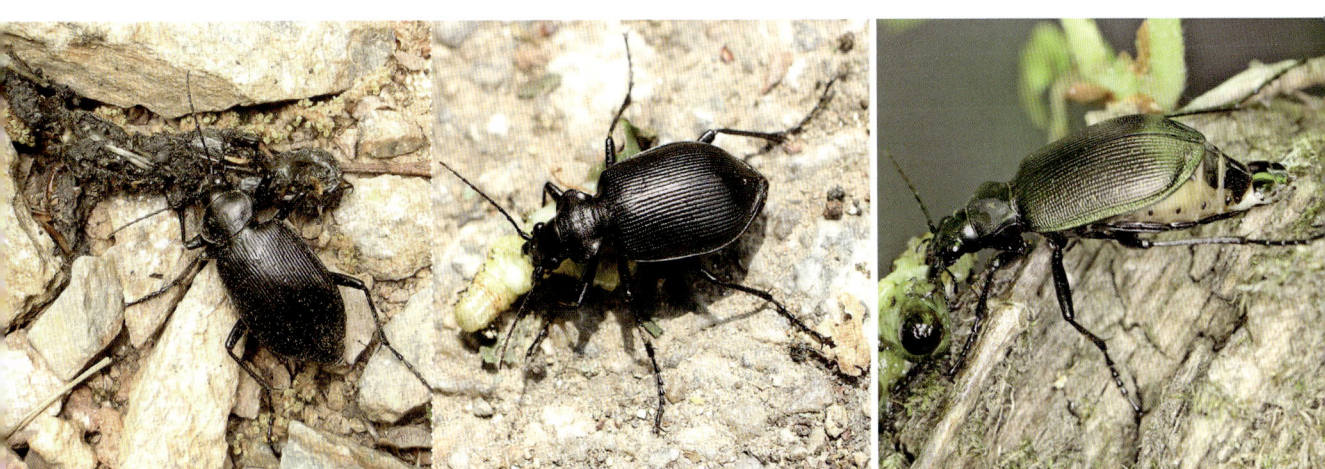

검정명주딱정벌레                    풀색명주딱정벌레

애딱정벌레                                           우리딱정벌레

**영서** 와, 멋있네요. 잡아도 돼요?

**새벽들** 만지면 아주 고약한 냄새가 날걸? 녀석은 위협을 느끼면 아주 역한 냄새를 풍기거든. 그 냄새가 꽤 오랫동안 남아 있어 괜스레 만졌다가는 고생만 해. 그래도 만질래?

**영서** 아니에요. 그냥 눈으로만 볼게요, 헤헤.

**진욱** 여기도 밤 사냥꾼이 있어요. 지렁이를 맛있게 먹네요. 누구죠?

**새벽들** 어디 보자. 우리딱정벌레구나. 녀석도 야행성에 육식을 즐겨하지. 이렇게 가까이 다가가도 도망가지 않는 걸 보니 지렁이가 맛있나 보다. 낮 동안 숨어 있느라 배가 많이 고팠을 거야. 우리가 자리를 비켜주자.

**영서** 여기도 있어요. 같은 무리로 보여요.

**새벽들** 그렇네, 그 녀석도 우리딱정벌레구나. 아무튼 오늘 실컷 볼 거야. 밤은 야행성 딱정벌레의 세상이거든.

**진욱** 아저씨 말씀처럼 밤에 다니니까 딱정벌레가 정말 많네요. 낮에는 그렇게 찾아다녀도 안 보이더니, 여기도 보이고 저기도 보여요. 밤은 딱정벌레의 세상인걸요!

**영서** 애들은 등에 줄무늬가 독특해. 누군가 바늘로 꿰맨 것처럼 보이네. 가슴 생김새도 조금 다른 것 같고. 몸에 광택이 하나도 없어. 참 신기하게 생겼네.

**새벽들** 고려줄딱정벌레란다. 영서 말대로 광택이 없는 검은색이지. 이 녀석들도 밤에 돌아다니면서 죽은 곤충이나 지렁이 등을 잡아먹지. 이 줄딱정벌레라는 낱말이 들어 있는 녀석들은 이름 부르기가 좀 까다로워. 작은 차이로 이름이 다르거든. 그만큼 연구가 부족하다는 뜻이지. 이 녀석들은 고려줄딱정벌레이지만 만약 가슴에 광택이 보이면 민줄딱정벌레라고 한단다. 정확한 건 연구실에서 현미경으로 관찰해

고려줄딱정벌레

야 알 수 있어.

**영서** 전 이름을 아는 것보다 이렇게 멋진 아이들을 만나는 것만으로도 좋아요. 이름이 뭐가 중요해요? 이렇게 감동하면 되죠. 자연은 감동하는 사람의 것이잖아요, 헤헤.

**새벽들** 뭐라고? 하하하. 영서가 자연을 바라보는 눈이 많이 트였는걸?

**진욱** 감동 좀 그만하고 여기 좀 보세요. 딱정벌레가 벌을 사냥했어요.

**영서** 어디? 정말이네. 누구예요?

**새벽들** 그 녀석도 고려줄딱정벌레야. 살아 있는 땅벌을 사냥한 걸 보니 죽은 곤충만 먹는 게 아니구나. 그래서 자연을 둘러싼 모든 것을 100퍼센트 이것이다라고 확신할 수 없는지도 모르지.

**진욱** 여기 이상한 곤충이 있어요. 갑옷 입은 애벌레 같아요. 보세요, 광택이 나는 검은색인데 멋지게 생겼어요.

**영서** 으~, 난 좀 무서워. 저 입 좀 봐. 슬쩍 손가락만 갖다대도 바로 물겠는데?

**새벽들** 멋쟁이딱정벌레 애벌레란다. 모양이 독특한 애벌레지. 만지면 배 끝에 있는 집게와 주

**멋쟁이딱정벌레 애벌레** 배 끝에 있는 가시 같은 돌기의 끝이 두 갈래로 갈라진다.

둥이로 공격하니까 조심해야 한다. 애벌레도 육식성이라 지렁이 같은 걸 먹는단다.

**영서** 애벌레도 멋쟁이네요. 어른벌레도 멋있고, 그래서 멋쟁이딱정벌레인가?

**진욱** 여기 있는 아이들도 멋쟁이딱정벌레 애벌레인가요? 비슷하게 생겼어요.

**새벽들** 어디 보자. 음, 딱정벌레 종류의 애벌레는 맞는데 멋쟁이는 아니구나. 요기 배 끝에 집게가 보이지? 멋쟁이는 집게 끝이 두 갈래로 갈라졌지만 이 녀석들은 그렇지 않네. 딱정벌레 종류 애벌레인 건 확실하지만 더 정확한 건 모르겠다.

**영서** 아저씨, 저기 보세요. 번쩍번쩍 빛이 나는 딱정벌레가 있어요. 두 마리가 짝짓기하나 봐요.

딱정벌레 종류의 애벌레

윤조롱박딱정벌레

**새벽들** 어디? 와, 멋있는 녀석들인데 정확하게 누군진 모르겠다.

**진욱** 아저씨, 혹시 멋조롱박딱정벌레 아닌가요? 책에서 본 것 같아서요.

**새벽들** 글쎄다. 아저씨도 그렇게 생각하지만 정확하게 모르겠어. 어, 짝짓기하는 게 아니었나? 둘이 떨어졌네. 잘됐다. 아저씨가 여기 하얀 통에다 한 마리만 잡아 볼게. 옳지, 됐다. 흠, 정말 색이 멋진걸?

**진욱** 몸이 딱정벌레와는 달라요. 혹시 멋조롱박딱정벌레 아닐까요?

**영서** 넌 멋조롱박딱정벌레라면 좋겠어? 왜?

**새벽들** 멋조롱박딱정벌레는 환경부에서 지정한 멸종위기 야생동물 2급이라 개체 수가 적거든. 희귀한 곤충이라 사람들의 관심도 많지. 아저씨는 책으로만 봐서…… 멋조롱박이라고 하기에는 크기가 크고 가슴도 길어. 아마 윤조롱박딱정벌레일 거야.

**영서** 윤조롱박딱정벌레요? 이름이 독특해요.

**새벽들** 아저씨도 정확한 이유는 몰라. 단지 이 딱정벌레 몸이 조롱박처럼 생겼고 금빛 같은 윤기가 반짝거려서 그런 게 아닌가 하고 짐작만 하지. 이름은 그렇다 치고 정말 멋진 녀석이구나.

**진욱** 맞아요. 이런 곤충을 만나다니, 역시 밤에 오길 잘했어요. 밤은 멋진 곤충들 세상이에요.

**영서** 와, 이제 보니 진욱이도 은근 감동쟁이네. 좋아, 내 친구 될 자격이 있다. 헤헤.

# 먼지 날리듯
# 달리는 먼지벌레들!

남방폭탄먼지벌레

**영서** 아저씨, 여기에 딱정벌레가 우글거려요. 뭔가를 먹는 것…… 으~ 지렁이.

**진욱** 여기도 있어요. 여긴 민달팽이를 먹고 있네요. 얘들 폭탄먼지벌레 아니에요?

**영서** 뭐라고? 얘들이 폭탄먼지벌레라고? 그 말로만 듣던 무시무시한 폭탄먼지벌레가 이렇게 생겼구나. 생각했던 것보다 귀여운데?

**새벽들** 어디? 폭탄먼지벌레가 맞구나. 요즘 방송을 타서 많이 알려진 유명 곤충이지. 녀석들은 야행성이라 밤에 오면 쉽게 만날 수 있단다. 한두 마리 보일 때도 있지만, 먹이가 있으면 우르르 떼를 지어서 먹지. 잡식성이라 여러 가지를 먹지만, 지렁이나 달팽이 같은 부드러운 것을 아주 좋아한단다. 먼지벌레의 대표 선수라고 할 수 있어.

**영서** 그런데 왜 먼지벌레라고 부르죠?

**새벽들** 녀석들이 활동하는 곳이 주로 먼지가 많아서 그렇다고 하고, 달릴 때 먼지 날리듯 빨리 달린다고 붙인 이름이라고도 하지. 이 녀석들은 다리가 날씬하고 길어서 엄청 빨리 움직이거든. 먼지벌레 종류는 많지만 폭탄먼지벌레가 가장 잘 알려진 녀석이야.

**진욱** 아저씨는 폭탄먼지벌레 독가스에 맞아 본 적 있어요?

**새벽들** 한번 실험해 본 적이 있긴 한데, 엄청 냄새가 독하던걸. 100도가 넘는 수증기 성분이라고 해서 만지지는 못했어. 뽁~ 하는 소리도 나고. 그 소리 때문에 방귀벌레라고도 불리는데 그 방귀가 폭탄처럼 위력이 대단하단다. 그 방귀폭탄이 만약 살갗에 닿는다면 덴 것처럼 아플 거야. 비록 작은 곤충이지만 자신을 방어하는 무기가 아주 훌륭해. 낮에는 주로 땅속이나 나뭇잎 밑에 숨어 있다가 밤이 되면 먹이를 찾아 돌아다닌단다.

**진욱** 저렇게 모여 있다가 짝짓기도 하겠죠? 암수는 어떻게 구별해요? 모두 똑같이 생겼나요?

**새벽들** 배를 보렴. 배가 딱지날개 밖으로 나와 있는 녀석이 암컷이란다. 수컷은 배가 딱지날개 안에 있지.

**영서** 어, 여기도 한 마리 있어요. 좀 덩치가 커요.

**새벽들** 오, 이 녀석은 남방폭탄먼지벌레라고 한단다. 비슷하게 생겼지만 조금 달라. 머리의 검은색 무늬가 다르고, 등에 있는 노란색 무늬가 물결 모양으로 보이지.

**진욱** 남방이면 남쪽 아닌가요? 여기는 북쪽인데 그럼 남쪽에만 사는 것이 아니네요?

**새벽들** 자료를 찾아보면 남쪽으로 갈수록 더 많다고 하더라. 아마 예전에는 남쪽에서만 살았을 거야. 요즘 기후변화로 기온이 점점 높아지니까 전국적으로 서식지를 옮긴 것이겠지. 2010년 정부기관인 국립생물자원관에서 국가 기후변화 생물지표 100종을 발표했는데 이 남

**폭탄먼지벌레**

폭탄먼지벌레 화학물질 발사 장면

폭탄먼지벌레와 남방폭탄먼지벌레 비교

배마디 2~3개가 딱지날개 밖으로 나와 있다.

폭탄먼지벌레 암컷

방폭탄먼지벌레도 포함되었거든.

**영서** 오늘 밤, 멋진 먼지벌레를 두 종류나 만났네요. 또 어떤 아이들을 만날지 기대돼요. 어, 저게 뭐지? 으~ 깡통 안에 곤충이 잔뜩 들어 있어요.

**진욱** 누가 일부러 곤충을 잡으려고 뒀나? 윽, 나빴어.

**새벽들** 먼지벌레들이구나. 누가 곤충을 잡으려고 그런 건 아닐 테고, 아마 먹다 남은 통조림을 그냥 버린 모양이다. 냄새에 이끌려 깡통 속으로 빠진 먼지벌레들이 못 나오는 것 같은데? 사람들의 무심한 행동 하나하나가 곤충에게는 이처럼 치명적이기도 하지. 안타까운 일이야. 다행히 모두들 멀쩡한 걸 보니 그리 시간이 오래된

통조림 통 안의 먼지벌레들

**등빨간먼지벌레**

것 같지는 않아 보이네. 자, 우리가 건져 올리자.

**영서** 네.

**진욱** 어, 모두 비슷하게 생겼는데 얘는 좀 다르네요. 등이 빨개요.

**영서** 어디? 정말이네. 혹시 고추장 같은 게 묻은 건 아닐까?

**새벽들** 등빨간먼지벌레구나. 저 녀석도 낮에 숨어 있다가 밤이면 나와서 돌아다니는 야행성 곤충이지. 등에 붉은 무늬가 넓게 있어 먼지벌레 중에 그나마 이름 부르기가 쉬운 녀석이란다.(붉은 무늬가 없는 온통 검은색인 흑색형도 있다.)

**진욱** 얘처럼 이름이 쉬웠으면 좋겠어요. 곤충 이름이 너무 어려워요.

**영서** 맞아. 곤충 보는 건 좋은데 이름만 들으면 어지럽다니까, 에휴.

**새벽들** 아저씨도 그래. 이름과 생김새가 비슷하면 좋을 텐데……. 앞으로 너희가 연구를 많이 해서 부르기 좋고 이해하기 쉬운 이름으로 지어줘라, 하하.

**진욱** 여기 노란 무늬 먼지벌레가 있어요.

**영서** 여기도 있는데요? 둘이 같은 먼지벌렌가요? 제가 만약 이름을 붙인다면, 노랑무늬먼지벌레라고 할래요.

**진욱** 저는 노랑두점먼지벌레요.

**새벽들** 오, 좋아. 진짜 이름 들어 볼래? 이 녀석은 쌍무늬먼지벌레고, 저 녀석은 끝무늬먼지벌레란다.

**영서** 둘이 같은 아이 아니었어요? 이상하다, 어디가 다르지?

**진욱** 아, 알았다. 얘는 노란색 점이 서로 연결되어 있고, 쟤는 노란색 점이 떨어져 있어요. 맞죠?

**영서** 오, 진욱이~ 대단한데. 네 말을 듣고 보니 정말 그렇네. 그럼 노란 무늬가 떨어져 있는 애

노란색 무늬가 서로 연결되어 있다.

끝무늬먼지벌레

노란색 무늬가 서로 떨어져 있다.

쌍무늬먼지벌레

가 쌍무늬고, 붙어 있는 애가 끝무늬인가요? 얘는 거꾸로 보니까 노란 헤드폰을 엉덩이에 쓴 거 같아요.

**새벽들** 정답! 대단들 하다, 하하.

**진욱** 여기 재미있게 생긴 먼지벌레가 있어요. 목이 가늘어요.

**영서** 그렇네. 기린처럼 목이 길고 가는데요? 다리도 길어요. 얘는 뭐든지 다 길고 가늘어요.

**새벽들** 이름도 목가는먼지벌레란다. 재미있는 이름이지? 주로 밤에 활동하지만 이른 아침에도 가끔 보이는 녀석이지.

**진욱** 여기 이 먼지벌레는 색깔이 너무 멋져요.

목가는먼지벌레

등의 줄무늬도 선명하고요. 보통 먼지벌레보다 좀 큰데요?

**영서** 그럼 그 아이는 줄먼지벌레네, 헤헤.

**새벽들** 우와, 맞아! 이름이 줄먼지벌레야. 어른 벌레로 겨울을 나는 녀석이지. 밤에 오니까 멋진 먼지벌레들을 많이 만나는구나. 이 녀석은 개체마다 색깔이 조금씩 달라. 어떤 녀석은 청동빛이, 어떤 녀석은 구릿빛이 나지. 무척 광택이 아름다운 먼지벌레란다.

**영서** 온통 먼지벌레 세상이네요. 이렇게 다양한 먼지벌레가 있다니~.

**새벽들** 이제 시작인데, 벌써 놀라면 어떡해? 앞으로 더 멋진 녀석들을 많이 만나게 될 거야.

**진욱** 전 벌써 만났어요. 여기 보세요, 정말 멋

줄먼지벌레

진 먼지벌레예요.

**영서** 와, 어쩜 노란색이 저리도 예쁠까? 정말 예쁜 먼지벌레네요. 이름이 뭐예요?

**새벽들** 큰털보먼지벌레란다.

**영서** 네? 이렇게 예쁜 아이를 털보라니? 어디에 털이 있는데요?

**새벽들** 가슴 위를 보면 송송 파인 수많은 점무늬(점각)들이 털처럼 보여 붙인 이름 같은데, 정확한 유래는 모르겠다. 이 녀석도 보통의 먼지벌레에 비하면 좀 큰 편에 속한단다. 조금 전에 봤던 줄먼지벌레쯤 되지. 가만있어 보자, 아저씨가 조심조심 손에 올려놔 볼게. 으~ 냄새. 이 녀석이 방어 물질을 내뿜는구나. 먼지벌레들은 위협을 느끼면 방어용 화학물질을 내뿜는데 폭탄먼지벌레만큼은 아니지만, 그래도 냄새가 지독하고 쉽게 안 없어지지. 자, 한번 맡아 볼래?

**영서** 으~ 냄새. 그래도 이름과는 너무 안 어울려요. 이렇게 보석처럼 반짝이는 아이에게 털보라니? 전 이 아이를 노랑보석먼지벌레라고

큰털보먼지벌레

노랑가슴먼지벌레

부를래요.

**새벽들** 그래, 그 이름이 더 잘 어울리는걸? 앞으로 나도 그렇게 부르마, 하하.

**진욱** 여기 진짜 보석 같은 애가 있어요.

**새벽들** 오, 예쁘구나. 자, 색이 잘 보이게 여기 하얀 통에다 넣어 보자. 어때, 잘 보이지? 노랑가슴먼지벌레란다. 이름만 들으면 가슴이 노란색일 듯해도 실제로는 붉은 갈색에 가깝지. 참 예쁜 아이야.

**영서** 저기 가만히 있는 아이도 먼지벌레죠? 머리가 청동색이에요. 예뻐라. 왠지 쟤 이름에는 청동이라는 낱말이 들어갈 것 같아요.

**새벽들** 어디? 정말 그런걸. 청동머리먼지벌레네. 이름처럼 청동색이 아주 멋진 녀석이지.

**진욱** 여기도 청동색 먼지벌레가 있어요. 그럼 얘도 이름에 청동이 들어가나요?

**새벽들** 글쎄다, 그러면 아저씨도 얼마나 좋겠

청동머리먼지벌레

풀색먼지벌레

니? 그 녀석은 풀색먼지벌레라고 해. 비슷한 색이면서 어떤 건 청동, 어떤 건 풀색, 정말 어려워. 그래도 멋진 녀석들을 만나서 신나는데 너희는 어때?

**영서** 저도 그래요. 이름이야 뭐, 아저씨처럼 연구할 것도 아니잖아요. 그냥 멋지고 예쁜 아이들을 만나서 신나요.

**진욱** 저도요, 신나기는 한데……. 영서야, 배고프지 않니? 오늘은 어쩐 일로 간식 먹자는 소리를 안 하냐? 난 배고픈데.

**영서** 맨날 내가 먼저 간식 먹자고 하니까 좀 억울해서. 꼭 나만 먹보 같잖아. 사실 아까부터 배고팠거든. 아저씨, 배고파요. 우리 간식 먹고 해요, 네?

**새벽들** 나도 배가 고팠는데 영서가 아무 말이 없어서……. 자, 우리 간식 먹고 하자. 역시 영서가 움직여야 간식도 먹는다니까, 하하.

**새벽들** 간식을 먹으니 힘이 나는구나. 조금만 둘러보고 내려가자. 밑에 쳐놓은 등불에 어떤 녀석들이 모였을지 궁금해서 말이야.

**진욱** 아저씨, 저기 보세요. 나무껍질 사이에 아주 화려한 녀석이 있어요. 무슨 곤충이에요?

**새벽들** 어디? 잠깐만, 손전등 좀 비춰보고……. 어, 저 녀석도 먼지벌레란다. 멋쟁이밑빠진먼지벌레라는 녀석이지. 무늬가 비슷한 녀석들 중에 버섯벌레나 밑빠진벌레가 있어서 처음에는 저 녀석이 먼지벌레이리라곤 생각도 안 했어. 그러다가 자세히 보니 머리와 가슴이 먼지벌레더구나. 신기한 녀석이야. 왜 버섯벌레랑 무늬가 비슷한지, 풀지 못한 수수께끼야.

**영서** 멋쟁이 뭐요? 이름이 요상해요.

멋쟁이밑빠진먼지벌레

**새벽들** 저 녀석 배 밑이 약간 딱지날개 밖으로 삐죽 나온 게 보이지? 그게 밑빠진벌레를 닮아서 붙인 이름이지. 멋쟁이란 이름은 무늬가 화려해서 붙이고. 정말 멋진 녀석이야.

**진욱** 저렇게 무늬가 화려한 먼지벌레도 있네요. 전 책에서 본 버섯벌레라고 생각했는데, 둘이 어떻게 달라요? 내려가면서 버섯벌레를 만날 수 있을까요?

**새벽들** 글쎄다, 운이 좋으면 볼 수 있겠지. 자, 조심해서 내려가자.

**영서** 여기도 먼지벌레가 있어요. 머리가 좀 커요. 어, 그 옆에 있는 애는 몸에 노란 털이 있어요. 같은 먼지벌레예요?

**새벽들** 어디? 오, 큰둥글먼지벌레야. 딱지날개에 털이 있는 건 가슴털머리먼지벌레고. 영서 말대로 머리가 좀 커 보이는구나. 아까도 말했지만, 먼지벌레 종류는 이름 불러 주기가 참 까다로워. 비슷하면서도 달라 보이거든. 정확한 건 실험실에서 현미경으로 확인해야 하지. 이름을 정할 때 혼동이 있었는지 지금 그 녀석처럼 '둥글'이 들어 있기도 하고, 어떤 녀석은 '동글'이 들어 있기도 해. 저기 봐라, 바닥에 작은 먼지벌레 보이지? 저 녀석 이름은 납작동글먼지벌레야. 둥글과 동글이 어떤 차이가 있는지는 모르겠지만, 이름 때문에 많이 혼란스럽기도 해.

**영서** 둥글이든 동글이든 전 그냥 곤충이 좋아

큰둥글먼지벌레

가슴털머리먼지벌레

납작동글먼지벌레

요. 오늘은 먼지벌레들을 많이 알아서 신나요.

**진욱** 저도 그래요. 먼지벌레는 참 멋져요. 냄새만 아니면 키우고 싶어요. 먼지벌레를 많이 만나니 기분 최고예요, 헤헤.

## 비슷하면서도 다른 먼지벌레들!

노랑테먼지벌레

만주애납작먼지벌레

칠납작먼지벌레

중국먼지벌레

쌍점박이먼지벌레

큰납작먼지벌레

한라십자무늬먼지벌레

큰노랑테먼지벌레

미륵무늬먼지벌레

일본해변먼지벌레

큰목가는먼지벌레

모래사장먼지벌레

두점박이먼지벌레

설악머리먼지벌레

꼬마목가는먼지벌레

한국길쭉먼지벌레

먼지벌레

날개끝가시먼지벌레

고려먼지벌레

일본밑빠진먼지벌레

털머리먼지벌레

붉은윤머리먼지벌레

꼬마노랑먼지벌레

무늬이빨먼지벌레

흑가슴좁쌀먼지벌레

붉은가슴좁쌀먼지벌레

검정가슴먼지벌레

# 화려한 버섯벌레!

산호버섯벌레

진욱 어, 아저씨, 저기 보세요. 저기 수액이 흐르는 나무요. 참나무 같은데…… 작은 곤충들이 잔뜩 붙어 있어요. 우와, 엄청 많아요!

영서 와, 정말 많다! 무늬도 멋있어요. 멋진 녀석들이 한꺼번에 놀러 나왔네요. 아니, 밥 먹는 중인가? 수액을 좋아하나 봐요. 많이도 나왔네.

새벽들 저 녀석들이 바로 진욱이가 보고 싶어 하는 버섯벌레란다. 크기는 다르지만 아까 봤던 멋쟁이밑빠진먼지벌레와 무늬가 비슷하지? 색깔도 비슷하고. 이름은 톱니무늬버섯벌레야.

진욱 톱니무늬요? 어디에 톱니무늬가 있어요?

새벽들 배 등면에 있는 붉은색 무늬가 삐죽삐죽 톱날처럼 생겼다고 톱니무늬라는 이름이 붙었지.

영서 정말이네요. 에이, 톱니바퀴버섯벌레라고 하면 더 좋았을 텐데. 쟤네들은 버섯을 먹어서

금강산거저리

톱니무늬버섯벌레 더듬이 끝이 넓다.    금강산거저리

버섯벌레인가요?

**새벽들** 주로 버섯을 먹고 버섯 주변에서 생활하여 버섯벌레라고 이름 붙였지만 꼭 버섯만 먹는 건 아니야. 버섯도 먹고 나무 수액도 먹고……. 저렇게 모여서 생활하다가 겨울이 오면 나무껍질 틈으로 들어가 어른벌레로 겨울을 나는 녀석이지.

 가만있어 보자. 잔뜩 있는 녀석들은 모두 금강산거저리구나. 저기 버섯을 먹고 있는 녀석이 톱니무늬버섯벌레란다. 무늬는 비슷하지만 더듬이가 다르지. 더듬이가 끝으로 갈수록 넓어지는 게 버섯벌레야. 자세히 보면 차이점이 보일 거야.

**진욱** 저기도 버섯벌레 같아요. 저기 도깨비방망이처럼 생긴 버섯에요. 짝짓기 중인가요?

**영서** 우와, 여러 마리가 보여요. 아주 작네요. 쟤들도 버섯벌레예요?

**새벽들** 어디? 오, 작은데도 잘 찾았구나. 버섯은 말불버섯인데…… 얼굴이 잘 안 보여. 아무래도 방귀무당벌레붙이 같아. 좀 더 확인해 봐야겠지만, 녀석들이 좀말불버섯이나 말불버섯에 자주 모인다니까 맞을 거야. 작고 예쁜 녀석이지. 버섯벌레는 아니지만 저렇게 버섯에서 짝짓기하는 걸 보니 신기하구나. 톱니무늬버섯벌레처럼 버섯벌레과는 아니고 무당벌레붙이과에 속해.

**영서** 방귀요? 그럼 쟤도 폭탄면지벌레처럼 독가스를 발사하나요?

**새벽들** 그렇진 않아. 언젠가 살짝 건드려 보았는데 냄새가 엄청 고약하더구나. 한마디로 냄새로 방어하는 녀석이지. 이름에 '붙이'가 있으면 '비슷하다'는 뜻이야. 생김새가 무당벌레와 비슷하지?

**영서** 어, 저기도 무당벌레가 있어요. 무당벌레도 버섯을 먹나요? 신기하네. 무당벌레는 진딧물 같은 작은 곤충을 잡아먹는다고 알고 있었는데…….

**진욱** 무당벌레와는 좀 다른데?

방귀무당벌레붙이(무당벌레붙이과)

쌍점둥근버섯벌레

**새벽들** 저 녀석도 버섯벌레란다. 무당벌레와 비슷해서 아저씨도 그런 줄 알았지. 쌍점둥근버섯벌레야. 작고 귀여워.

**영서** 어쩐지. 무당벌레와 진짜 비슷하게 생겼어요. 깜빡 속았네, 헤헤.

**새벽들** 아주 예쁜 버섯벌레지. 저 녀석들이 버섯 속에서 움직이는 걸 보면 꼭 작은 보석처럼 보인단다. 둥글둥글 보석처럼 예쁜 녀석이야.

쌍점둥근버섯벌레와
비슷한 무당벌레

**진욱** 버섯벌레들이 우리 주변에 꽤 있네요. 이제부턴 버섯만 보고 가야지, 헤헤.

**영서** 나는 벌써 찾았지롱. 저기 버섯에서 짝짓기하는 애들 보여? 쟤들도 버섯벌레죠?

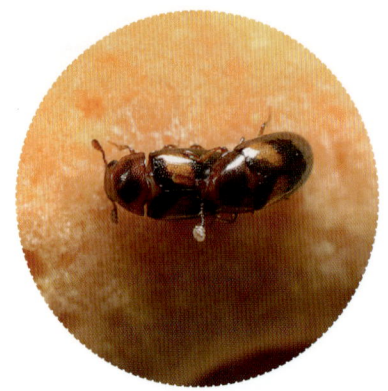

노랑테가는버섯벌레

**새벽들** 어디? 너무 작아서……. 오, 그렇구나. 버섯벌레가 맞아. 무늬가 아름답구나. 버섯에서 짝짓기를 하다니, 역시 버섯벌레야. 노랑테가는버섯벌레라고 하지. 작은데도 용케 잘 찾았어.

**진욱** 나도 찾았다! 저기 보세요. 비슷한 애가 있는데 엉덩이가 뾰족해요. 쟤도 버섯벌레인가요?

**새벽들** 엉덩이가 뾰족하다고? 아하, 밑빠진 녀석이구나. 밑빠진버섯벌레야.

**영서** 밑빠진 아이가 또 있네요. 아까 멋쟁이밑빠진먼지벌레와 친구인가 봐요.

**새벽들** 그렇네, 하하. 녀석 이름은 버섯벌레이지만 버섯벌레가 아니란다. 물론 썩은 나무나 버섯 주변에서 활동하고 버섯을 먹기도 하지만, 버섯벌레과가 아니라 반날개과란다. 멋쟁이밑빠진먼지벌레는 먼지벌레과고.

**진욱** 으, 어려워요. 비슷비슷한데 왜 이렇게 달라요. 너무 어지러워요.

**영서** 그러니까 이름 외우지 말고 그냥 보면서 즐기라고. 나처럼 말이야, 헤헤.

**새벽들** 그래, 공부하는 것도 아닌데……. 그냥

밑빠진버섯벌레

즐겨라, 하하.

**영서** 봐, 나처럼 즐기면서 다니니까 버섯벌레가 또 보이잖아. 저기 좀 보세요, 버섯에 곤충이 있어요. 재도 밑빠진 아이예요. 어, 밑만 빠진 게 아니라 무늬도 빠졌어요. 조금 전 그 아이와 똑같이 생겼는데 무늬가 하나도 없어요. 진짜 무늬가 다 빠진 버섯벌레네요.

**새벽들** 하하하, 영서 상상력은 대단해. 저 녀석도 밑빠진버섯벌레에 속하는데 아까 본 녀석과는 다른 주름밑빠진버섯벌레라고 하지. 특별히 가리는 버섯 없이 여러 가지 버섯을 다 먹어 치우는 대식가로 알려졌어.

**진욱** 저기 나무 틈에 곤충 한 마리가 있어요. 등에 버섯벌레처럼 빨간색 무늬가 있고요.

**영서** 어, 그 옆에도 있는데, 턱이 커요. 작은 사슴벌레처럼 생겼어요. 이렇게 작은 사슴벌레도 있었나? 신기하네.

네눈박이밑빠진벌레

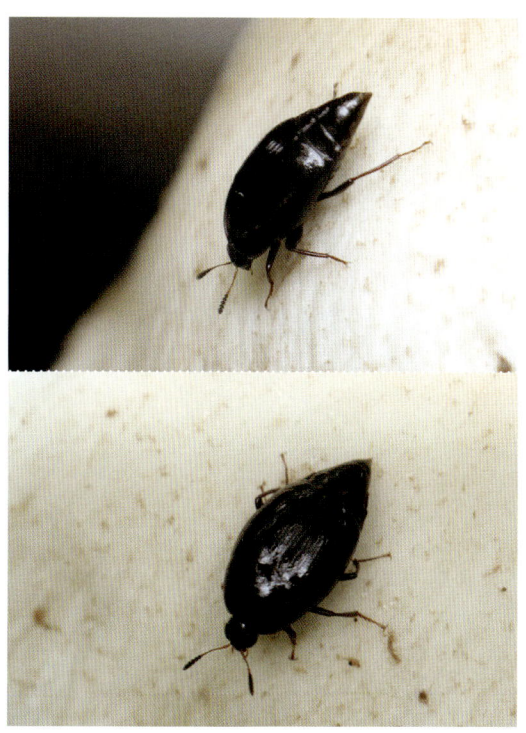

주름밑빠진버섯벌레

탈무늬밑빠진벌레

**새벽들** 밑빠진벌레란다. 등에 무늬가 네 개 있어 네눈박이밑빠진벌레라고 하지. 나무 틈에 잘 숨는 녀석이야. 가끔 등불에 모이기도 하고. 녀석은 주로 나무진을 먹는다고 해. 영서가 말한 대로 턱이 발달해서 작은 사슴벌레처럼 보이지. 밑빠진벌레과에 속하는 아주 멋진 녀석이야.

**영서** 아이들이 작아서 눈에 불을 밝히면서 찾아야겠어요. 작지만 모두 개성이 철철 넘치네요. 오늘은 밑빠진벌레도 보고, 버섯벌레도 보고 참 좋아요!

**진욱** 저기 나뭇잎 위에 아주 작은 곤충이 납작 엎드려 있어요. 더듬이 끝만 동그래요. 뭐예요?

**새벽들** 어디? 아이고, 아저씬 잘 안 보이는데? 사진으로 찍어서 확대해 봐야겠어. 음, 밑빠진벌레 같은데⋯⋯ 납작밑빠진벌레라는 녀석이구나. 워낙 비슷비슷하게 생겨 확대해서 보지 않으면 놓치기 쉽지. 가끔 등불에도 날아오는데 귀여워. 갈색무늬납작밑빠진벌레나 큰납작밑빠진벌레, 큰검정납작밑빠진벌레 따위는 모두 밑빠진벌레과에 속한단다.

큰검정납작밑빠진벌레

갈색무늬납작밑빠진벌레

큰납작밑빠진벌레

**영서** 이름을 들어서인지 모두 납작하게 보이네요. 신기해요, 이런 곤충들도 있다니. 이름도 신기하고 생긴 것도 신기하고, 이런 곤충의 이름을 말하는 아저씨도 신기하고……. 밤은 참 신기한 세상이에요~~.

**새벽들** 뭐라고? 하하하.

**진욱** 아저씨, 저기 보세요. 진짜 멋진 버섯벌레가 있어요. 지금까지 봤던 것보다 훨씬 커요. 무늬도 화려하고. 세 마리나 있어요. 빨리 가 봐요.

**영서** 정말이네. 버섯벌레는 다 작은 줄만 알았는데 이렇게 큰 애도 있었네. 와, 멋있다. 누구예요?

**새벽들** 너희 말대로 덩치가 커서 이름도 왕버섯벌레야. 우람하고 당당한 버섯벌레지. 그런데 이름 부르기가 만만치 않아. 저렇게 생긴 녀석이 세 종류가 있는데 아직까지 그 차이점을 확실하게 정리한 자료가 없거든. 털보왕버섯벌레, 고오람왕버섯벌레, 모라윗왕버섯벌레가 있는데 정확하게 어떤 녀석인지 모르겠어.

**진욱** 털보는 털이 많아요?

**영서** 고오람? 모라윗? 이름이 어려워요.

**새벽들** 이름대로라면 털보는 털이 많겠고, 고오람과 모라윗은 사람 이름이지.

**진욱** 그럼 확실하게 어떤 아이라고 말하긴 힘들겠네요.

**새벽들** 그래. 그냥 짐작만으로 구별할 뿐 정확한 자료는 아니야. 그래도 몇 가지 차이점이 보이기는 하지. 예를 들어 더듬이 끝 세 마디가 아주 크고 넓적하면 고오람왕버섯벌레라고 하고, 더듬이 끝이 그렇게 넓지 않으면서 겹눈과 겹눈 사이가 아주 넓어 보이면 모라윗왕버섯벌레야. 몸에 털이 많으면서 참나무에 난 버섯을 먹으면 털보왕버섯벌레고. 고오람왕버섯벌

모라윗왕버섯벌레로 추정되는 버섯벌레

고오람왕버섯벌레로 추정되는 버섯벌레

레는 버드나무 종류에 난 버섯에 모인다고 하고……. 아직 아저씨도 정확하게 이름 부르기가 힘들어. 이름이야 어쨌든 멋진 녀석을 만나서 기분이 좋다, 하하. 참, 낮에 가끔 보이는 제주붉은줄버섯벌레라는 녀석은 아주 색깔이 환상적이지. 한 번 보면 꼭 다시 보고 싶은 녀석이란다. 같이 알아두는 것도 좋겠지?

**영서** 와, 여기 보석이 있어요. 이 넓적한 버섯 속에 아주 예쁜 보석 하나가 들어 있어요. 환상적이에요. 이렇게 예쁜 버섯벌레가 있다니. 버섯 살을 아주 맛있게 먹고 있어요.

**진욱** 어, 버섯벌레들과 더듬이가 좀 다르다!

**영서** 정말이네. 역시 관찰 대장답다. 호기심 대왕에다 관찰 대장까지, 역시 내 친구야.

**새벽들** 진욱이 말대로 더듬이가 버섯벌레들과 다르지? 마디 하나하나가 동글동글 구슬을 꿰어 놓은 것 같잖니? 거저리라고 해. 정확한 이름은 르위스거저리야. 넓적한 버섯은 덕다리버섯이고. 르위스거저리가 아주 좋아하는 버섯이란다.

**영서** 거저리라면 밀웜 엄마 아니에요? 고슴도치 먹이로 파는.

**새벽들** 맞아, 그 거저리지.

**영서** 다른 나라에서 온 곤충인가요? 르위스가 무슨 뜻이에요?

제주붉은줄버섯벌레

느타리버섯벌레 　　　　　　　노랑줄왕버섯벌레

르위스거저리

**새벽들** 사람 이름이지. 이 곤충에 처음 이름을 붙인 사람. 이름 때문에 외국 곤충 같지만 우리나라 토종 곤충이란다. 우리나라 이름을 지을 때 학명에 있는 사람 이름을 그대로 따와 르위스거저리라는 좀 낯선 이름이 되었지.

**영서** 에이, 그냥 보석거저리라고 하면 다 알 텐데, 쯧쯧.

**진욱** 그럼 얘는 버섯벌레가 아니네요. 거저리과인가요?

**새벽들** 그렇지, 딱정벌레 집안에 속하는 거저리과 곤충이란다. 거저리는 우리나라에 100종 넘게 알려졌는데 크기나 모양이 여러 가지야. 대부분 검은색을 띠고.

**영서** 거저리를 만날 거라고는 생각도 못 했어요. 또 찾아봐요, 네?

**새벽들** 그러자꾸나. 슬슬 내려가면서 거저리를 찾아볼까?

# 거저리와 썩덩벌레!

극동긴맴돌이거저리

**진욱** 저기 나무에 시커먼 아이가 있어요. 딱정벌레 종류인가요?

**영서** 어, 가까이서 보니까 그냥 시커먼 게 아니라 보라색 같기도 하고, 초록색 같기도 한 색이 반짝거려요. 무지개 같아요. 몸도 동글동글한 것이 예뻐요.

**새벽들** 구슬무당거저리구나. 구슬처럼 예쁘고 색이 아름다운 거저리지. 색이 화려해서 무당이란 이름을 붙인 거란다.

**진욱** 거저리구나. 그러고 보니 더듬이가 구슬

구슬무당거저리

낮에 본 구슬무당거저리

을 펜 것처럼 보여요.

**영서** 거저리와 먼지벌레는 비슷해서 잘 모르겠어요. 정확하게 어떻게 달라요?

**새벽들** 진욱이 말대로 더듬이로 구별하는 방법이 있지. 거저리 종류는 더듬이가 구슬 펜 모양이 많아. 물론 톱니 모양이나 실 모양도 있지. 먼지벌레 종류는 주로 실 모양이란다. 또 하나 차이점은 녀석들이 가만히 있을 때의 머리 방향인데, 먼지벌레들은 주로 앞을 향하고 거저리들은 아래를 향하지. 가장 확실한 방법은 확대경으로 뒷다리의 발목마디 수를 세는 거야. 먼지벌레는 다섯 마디, 거저리는 네 마디거든.

**영서** 그래도 어려워요. 거저리라는 말도 그렇고. 왜 거저리라고 해요?

**새벽들** 이 녀석들이 잘 걸어서 '걷는다'에서 유래되었다고 하는데, 아저씨도 정확하게는 잘 모르겠구나. 구슬무당거저리는 나무에 흐르는 수액이나 썩은 나무에서 자라는 버섯을 주로 먹고, 추워지면 어른벌레 상태로 겨울을 나지. 이 녀석을 낮에 보았는데 왜 이름이 구슬무당거저리인지 알겠더구나. 햇빛을 받으니까 색이 환상적이더라.

**영서** 쟤는 몸이 재미있게 생겼어요. 배가 똥똥하고 허리는 잘록해요.

**새벽들** 그 녀석도 거저리야. 몸이 호리병처럼 생겨서 호리병거저리라는 이름을 붙였지. 구슬무당거저리처럼 어른벌레로 겨울을 나기 때문에 봄부터 보이는 녀석이야. 생김새도 독특하고 광택이 아름다워.

**영서** 이름이 재미있어 쉽게 잊어버리지는 않겠어요. 호리병에 기름칠한 거저리는 호리병거저리, 헤헤.

**진욱** 여기도 아주 예쁜 아이들이 모여서 버섯을 먹고 있어요. 이쪽으로 와 보세요.

**영서** 와, 정말 예쁘다. 검은색이 이렇게 화려하다니! 밋밋한 검은색이 아니고 기름칠한 것처럼 반짝이는 화려한 검은색이에요. 보석 같아요.

**새벽들** 어떤 보석일까? 흑진주? 이 녀석은 진주거저리에 속하는데 거기에는 흑진주거저리, 나도진주거저리, 극동진주거저리 등등 많은 진주거저리들이 있단다. 그만큼 구별하기가 힘들지. 지금 녀석은 나도진주거저리로 보이는데 수컷이 없어서 정확하게 구별할 수가 없네. 머리 뿔이 난 수컷 뿔이 길게 머리 밖으로 나오면

호리병거저리

나도진주거저리거든. 영서 말처럼 보석처럼 생긴 멋진 거저리야.

**진욱** 여기 있는 아이도 거저리로 보여요. 더듬이가 비슷해요.

**영서** 어라, 색이 좀 묘해요. 검은색도 아니고 파란색도 아닌 신비로운 색이에요.

진주거저리 종류

제주거저리

**새벽들** 제주거저리라고 하지. 제주도에서 처음 발견되어 붙인 이름인데 지금은 전국에 걸쳐 보이지. 바닥을 기어 다니며 생활하고, 밤 곤충을 조사하다 보면 봄부터 심심찮게 보이는 녀석이란다.

**진욱** 그냥 검은색이 아니에요. 완전 신비로운 검은색이에요.

**새벽들** 보통 흑남색이라고 하는데, 밤에 빛을 받으면 보라색으로 보이기도 해.

**영서** 얘는 검은색인데 광택이 없어요. 몸도 지금까지 본 애들과 다르게 커요. 더듬이도 약간 다르고요. 얘도 거저리예요?

**새벽들** 어디? 산맴돌이거저리구나. 녀석은 광택 없는 검은색이 특징이란다. 영서가 잘 관찰했듯이 더듬이가 길쭉한 원기둥을 꿰어 놓은 것처럼 생겼지. 더듬이는 모두 11마디로 되어 있어. 그리고 자세히 보면 뒷다리가 엄청 길지? 몸보다 더 길어 보일걸?

**진욱** 맴돌이? 왜 그런 이름이 붙었나요?

**새벽들** 저 긴 다리로 성큼성큼 맴돌면서 잘 돌아다녀서라기도 하고, 녀석들이 날개돋이를 한 뒤 곧바로 번데기 방에서 나오지 않고 하루 더 맴돌면서 지내다가 나와서 붙인 이름이라는데, 아저씨가 직접 확인해 보지 않아 확실하지는 않구나.

**영서** 아하, 맴돌이란 뜻이 그렇구나. 아저씨 말씀을 들으니까 맨날 산에서 빨빨거리며 돌아다니는 진욱이가 딱 떠올라요. 앞으로 진욱이를 산맴돌이라고 불러야겠어요, 헤헤.

**진욱** 나도 그렇지만, 그 별명은 아저씨한테 더 잘 어울리는 것 같다. 산맴돌이 아저씨! 어때요?

**새벽들** 하하하, 새벽들보다 훨씬 더 좋은데? 앞으로 산맴돌이라고 할까? 하하.

**영서** 어, 쟤가 도망가요. 아직 더 관찰하고 싶은데. 손으로 잡아도 돼요?

산맴돌이거저리

낮에 본 산맴돌이거저리

**새벽들** 한번 잡아보렴. 아마 냄새로 좀 당황할 걸? 아저씨가 이 녀석을 무심코 만졌는데 어찌나 시큼한 식초 냄새가 나던지⋯⋯ 깜짝 놀란 적이 있어.

**영서** 그럼, 싫어요. 안 잡을래요. 휴, 큰일 날 뻔했네.

**진욱** 여기에 호리병거저리가 있어요. 아까 본 것보다 두 배는 커 보여요. 혹시 큰호리병거저리도 있나요?

**새벽들** 큰호리병거저리? 흠, 아저씨는 큰호리병거저리는 못 들어 봤는데. 어디 보자.

**진욱** 여기요, 좀 보세요. 호리병거저리와 비슷한데 훨씬 커요.

**영서** 정말이네. 크기도 그렇지만 등에 있는 줄무늬가 더 뚜렷한 것 같은데?

**새벽들** 음, 호리병거저리와 비슷하지만 극동긴맴돌이거저리라는 녀석이구나.

**영서** 극동 뭐요?

**새벽들** 극동긴맴돌이거저리!

**진욱** 모양은 호리병거저리이고, 이름은 맴돌이

극동긴맴돌이거저리

거저리와 비슷하네요.

**새벽들** 그렇지. 이 녀석은 거저리과 중에서 호리병거저리아과에 속하니까 생김새가 호리병거저리와 비슷할 거야. 호리병거저리보다 크고

맴돌이붙이거저리

등에 줄무늬도 뚜렷하고. 산맴돌이거저리보다는 길쭉하면서 역시 등에 줄무늬가 뚜렷하지. 거저리는 정말 어려운 곤충이야. 이 녀석들과 비슷한 곤충으로 맴돌이붙이거저리라는 녀석도 있는데 둘과는 약간 다르게 생겼단다.

**영서** 와, 저는 이름 외우는 것 그만둘래요. 너무 어려워요.

**새벽들** 나도 이름 알려 주는 것 그만둘래. 너무 어려워, 하하하.

**진욱** 얘도 극동긴맴돌이거저리인가요? 옆에서 보면 호리병처럼 생겼고 몸이 길어요. 등에 줄무늬도 뚜렷하고요.

**영서** 뭔가 느낌이 좀 다른데? 어디가 다른지는 모르겠지만.

**새벽들** 어디 보자. 음, 이 녀석은 보라거저리란다. 조금 전에 본 극동긴맴돌이거저리와 비슷하지만 잘 보면 더 반짝거릴 거야.

**영서** 아하, 등에 기름칠을 더 했군요. 보라색은

보라거저리

**어디에 있어요?**

**새벽들** 밤에는 잘 안 보이지만, 낮에 희미하게 보랏빛이 보여. 초록빛도 보이고. 보라거저리라고 완전 보라색은 아니야. 그냥 느낌이 그래서 이름을 붙인 거지.

**진욱** 거저리는 정말 어려워요.

**새벽들** 맞아. 아저씨도 모르는 게 더 많단다. 이렇게 너희와 밤에 곤충 보러 다니니까 좋은데? 이름은 다 몰라도 많은 곤충을 만나잖아.

**영서** 더 많은 거저리들이 있겠죠? 혹시 거저리가 등불에도 모이나요?

**새벽들** 등불이 모이는 녀석도 있고, 이렇게 나무껍질이나 버섯, 수액 등에서 보이는 녀석도 있단다. 모양과 크기가 다르지만, 더듬이나 머리 방향 등을 살펴보면 거저리라고 부를 수 있는 녀석들이 좀 있지. 아주 조그만 작은모래거저리, 강변거저리, 그리고 넓적가시거저리나 묘향산거저리처럼 이름이 좀 특별한 녀석들도

낮에 본 보라거저리

있어.

**진욱** 이름은 어려워도 거저리가 참 매력적이에요. 특히 거저리 더듬이가 멋있어요. 이름은 다 모르지만 이젠 거저리구나 하고 부를 수 있는 아이들이 생겨서 기분이 좋아요. 헤헤. 제가 더 어렸을 때 고슴도치를 키우면서 먹이로 밀웜을 줬어요. 그때 제가 관리를 잘못해서 밀웜이 어른벌레가 되었죠. 그 아이가 거저리였는

강변거저리

꼬마모래거저리　　　　　　　　　　　　　넓적가시거저리

묘향산거저리　　　　　별거저리　　　　　작은모래거저리

데, 이렇게 거저리가 다양하다니, 정말 신기하기만 해요.

**새벽들** 아저씨도 그런 적이 있었어. 거미를 키울 때였는데, 거미 먹이로 밀웜을 좀 샀지. 아저씨도 너처럼 관리를 잘못해서 밀웜이 어른벌레가 되었어. 그때 궁금해서 찾아봤는데 우리가 국산 밀웜이라고 부르는 녀석이 뽈우묵거저리와 비슷하더구나. 가끔 등화에도 날아오는

밀웜, 밀웜 번데기, 밀웜 어른벌레(사육종)

밤에 본 우묵거저리 종류

녀석인데, 아저씨도 신기해했던 기억이 있어.

**진욱** 아저씨, 여기도 거저리가 한 마리 있어요. 아까 봤던 보라거저리예요. 같이 있는 시커먼 애들은 누구죠? 혹시 거저리 애벌레인가요?

**영서** 어, 옆에 아주 예쁜 아이도 있어요. 등에 노란색 무늬가 있고 다리는 빨간색이에요. 완전 예쁘게 생겼어요. 밤에 보니까 더 예뻐요.

**새벽들** 어디 보자. 거저리는 보라거저리가 맞구나. 영서가 말한 예쁜 녀석은 얼마 전에 정식

보라거저리, 네점무늬무당벌레붙이 애벌레

보라거저리, 네점무늬무당벌레붙이 어른벌레와 애벌레

으로 우리나라 이름을 갖게 된 네점무늬무당벌레붙이야. 그 주변에 있는 검은색 애벌레는 네점무늬무당벌레붙이 애벌레네. 와, 한꺼번에 멋진 녀석들을 보는데? 하하.

**진욱** 얼마 전에 이름이 생겼다면 그 전에는 이 곤충이 없었다는 거예요?

**새벽들** 그렇진 않아. 몇 년 전부터 꾸준히 보였는데 정식 이름으로 불리지 못하고 그냥 무당벌레붙이과의 곤충이라고 했지. 얼마 전에 정식으로 네점무늬무당벌레붙이라는 이름을 붙였단다.

**영서** 아하, 딱지날개에 노란색 무늬가 네 개라 그런 이름을 붙인 거네요.

**진욱** 아저씨 설명을 듣고 보니까 애벌레가 무당벌레와 비슷하게 생겼어요.

**영서** 저렇게 시커먼 아이들이 커서 이렇게 예쁜 어른이 되다니, 신기해요.

**진욱** 쟤는 뭘 먹어요?

**새벽들** 아직 정확한 생태는 잘 모른단다. 아저씨는 주로 이 녀석을 썩은 나무껍질이나 버섯 주변에서 봤는데, 버섯 종류를 먹는 것처럼 보이더구나.

**진욱** 생김새는 버섯벌레처럼 보여요.

**영서** 더듬이는 거저리와 비슷하고요.

**새벽들** 그렇구나. 너희 말을 듣고 보니 여러 가지 곤충이 섞여 있는 듯이 보이네. 크기는 다르지만 아까 도깨비 방망이처럼 생긴 버섯에서 보았던 방귀무당벌레붙이와 같은 집안에 속한단다.

**영서** 말불버섯에서 짝짓기하던 애들이요?

**새벽들** 맞아, 그 녀석들.

**진욱** 그럼, 그냥 무당벌레붙이도 있어요? 궁금해요.

**새벽들** 물론 있지. 가끔 등불에도 모이고 잘 찾

네점무늬무당벌레붙이

무당벌레붙이

아보면 어렵지 않게 볼 수 있는 녀석이란다. 무당벌레와 비슷하게 생겼지만 몸이 더 길쭉하지. 크기는 무당벌레보다 작고.

**영서** 이건 무슨 곤충이에요? 여기요, 나무에 붙어 있는데 눈이 커요. 딱지날개에 줄무늬도 있고요.

썩덩벌레

새벽들 어디 보자, 썩덩벌레구나.

영서 썩덩벌레요? 썩은 덩어리처럼 보여서 그런가요?

새벽들 글쎄, 몸 색깔이 썩은 나무처럼 보여서 그렇다고도 하고, 무늬가 나무껍질처럼 여러 가지가 섞여 있어서라기도 하지. 어쨌든 재미있게도 썩덩벌레라고 한단다. 우리가 봤던 거저리와 같은 집안이야. 정확하게 말하면 거저리과 썩덩벌레아과에 속하지.

진욱 얘도 썩덩벌레인가요? 여기 나무에 있는 애요.

새벽들 썩덩벌레와 비슷한 밤빛사촌썩덩벌레란다. 가끔 보이지만 이름 불러 주기가 힘든 녀석이지.

영서 이름이 너무 어려워요. 왜 사촌이 들어 있어요?

새벽들 곤충 이름에 있는 '사촌'이란 낱말은 비슷하다는 뜻이란다.

밤빛사촌썩덩벌레

진욱 그럼 사촌이란 낱말이 없는 밤빛썩덩벌레도 있나요?

새벽들 오, 날카로운걸? 하하. 있지. 둘이 비슷하게 생겨서 구별하기가 힘들지만 밤빛사촌썩덩벌레가 밤빛썩덩벌레보다 배가 더 넓적하고 더듬이가 더 가늘다고 알려졌지만 구별하기가 참 까다롭단다.

영서 참 이름이 신기한 곤충도 있네요. 전 썩덩벌레라는 이름은 처음 들어요. 혹시 다른 썩덩

낮에 본 노랑썩덩벌레

대왕긴썩덩벌레

벌레도 있어요?

**새벽들** 우리가 쉽게 볼 수 있는 녀석으로 노랑썩덩벌레가 있지. 어른벌레가 5, 6월경에 보이고 주로 낮에 활동한단다. 애벌레는 썩은 나무를 먹지만 어른벌레는 꽃가루를 먹는다고 알려졌어. 이름이 비슷한 긴썩덩벌레과의 대왕긴썩덩벌레는 아주 당당하고 멋지단다. 딱지날개에 줄무늬가 뚜렷한 것이 특징 중 하나야.

**영서** 곤충 세계는 참 신비로워요.

# 자연의 청소부, 송장벌레!
# 길 안내자, 길앞잡이!

등불에 날아온 쇠길앞잡이

**영서** 으, 저거…… 쥐 아니에요? 으, 징그러.

**진욱** 정말이네. 죽은 쥐예요. 으…….

**새벽들** 그렇구나. 잠깐만, 혹시 모르니까 조금만 지켜보자.

**영서** 어, 죽은 쥐가 움직여요!

**진욱** 뭔가 안에서 움직이는 것 같아요.

**새벽들** 저길 봐라, 저기 죽은 쥐 옆구리 쪽에.

**진욱** 저거 혹시 송장벌레 아니에요?

**영서** 헉! 송장벌레? 주로 죽은 동물에 모인다는…….

**새벽들** 맞아, 송장벌레야. 죽은 동물의 몸을 땅에 묻는 어른벌레의 습성에서 영어로는 'Burying(묻기, 매장하기) Beetle(딱정벌레)'이라고 한단다. 지금 암컷이 쥐를 땅에 묻으려는 모양이다.

**영서** 왜 묻어요?

**진욱** 알을 낳으려고 그래.

**새벽들** 그렇지. 죽은 동물 몸속에 알을 낳으려는 거야. 알에서 깨이난 애벌레는 죽은 동물의 몸을 먹고 자라고.

이마무늬송장벌레가 죽은 쥐를 묻으려고 이리저리 움직이고 있다.

이마에 빨간 동그란 무늬가 있다.

주황색 띠무늬 안에 검은색 점이 없다.

이마무늬송장벌레의 특징

이마무늬송장벌레와 달리 노란빛이 도는 주황색 띠무늬 안에 검은색 점이 있다.

이마무늬송장벌레처럼 빨간색 점무늬가 있다.

넉점박이송장벌레

**영서** 그럼, 저 죽은 쥐는 알을 낳는 장소와 애벌레 먹이도 되네요.

**새벽들** 그렇단다. 저 녀석은 이마무늬송장벌레일 거야. 이마에 빨간색 무늬가 아주 멋진 녀석이지.

**진욱** 여기도 있어요. 얘도 이마에 빨간색 무늬가 있어요. 같은 아이예요?

**새벽들** 어디? 비슷하기는 하지만 다른 녀석이야. 크기, 생김새, 무늬 등이 비슷하지만 저기 배 끝에 있는 주황색 띠무늬를 보렴. 그 안에 검은색 점이 없으면 이마무늬송장벌레이고 있으면 넉점박이송장벌레란다.

**영서** 와, 완전 비슷하게 생겼어요. 점만 아니면 똑같아요. 몸에 있는 건 뭐예요? 작은 딱지처럼 생긴 거요.

**새벽들** 진드기야. 곤충 몸에 붙어서 양분을 빨아먹고 사는 녀석이지. 다른 곤충에도 붙어 있지만 특히 송장벌레에 많이 붙어 있어.

**영서** 으, 징그러. 밤에 오니까 완전 생생한 장면을 보네요.

**진욱** 저기 있는 거, 죽은 개구리 아닌가요?

**영서** 죽은 개구리를 먹으려고 곤충들이 모여 있어요. 폭탄먼지벌레도 있고요.

**진욱** 쟤도 송장벌렌가요? 시커먼 아이요.

**새벽들** 검정송장벌레구나. 저 녀석도 죽은 동물의 몸을 땅에 묻고 알을 낳는 녀석이지.

**진욱** 암컷과 수컷은 어떻게 구별해요? 모두 시커멓게 생겼는데.

검정송장벌레

볼 수 있지. 등불에도 잘 날아들어. 같은 검은 색이지만 크기가 좀 작고 딱지날개가 반으로 잘린 것처럼 생긴 꼬마검정송장벌레 녀석도 가끔 보이고.

**영서** 송장벌레가 등불에 오는 게 신기해요.

**새벽들** 얘들아, 여기 봐라. 여기 재미있게 생긴 애벌레가 있구나.

**영서** 우와, 시커먼 게 아주 제대로 기름칠을 했네요. 지네처럼 보여요.

**진욱** 이거 딱정벌레 애벌레 아니에요?

**새벽들** 이 녀석이 바로 송장벌레 애벌레란다. 큰넓적송장벌레 애벌레지.

검정송장벌레

꼬마검정송장벌레

**새벽들** 배 끝을 보면 딱지날개 밖으로 뾰족한 배가 드러나면 암컷이야. 이 녀석들은 죽은 동물이 있는 곳이면 항상 몰려들어 어렵지 않게

큰넓적송장벌레 애벌레

더듬이 끝 다섯 마디부터 갑자기 넓어진다.

큰넓적송장벌레

**영서** 송장벌레 애벌레가 멋있어요. 그럼 얘들은 죽은 동물의 몸을 먹고 자란 거네요. 생각해 보니 좀 그렇다.

**진욱** 큰넓적송장벌레는 어떻게 생겼어요?

**새벽들** 우리 주변에서 한번 찾아보자. 밤에 산에 오면 자주 보이는 녀석이거든.

**영서** 얘 아니에요? 여기 시커멓고 납작한 아이요.

**진욱** 여기도 있어요. 같은 아이인가요?

**새벽들** 잘 찾았구나. 영서가 찾은 건 큰넓적송장벌레이고, 진욱이가 찾은 건 넓적송장벌레란다.

**진욱** 네? 둘이 달라요?

**영서** 어디가 다른데요?

**새벽들** 더듬이 끝을 잘 보렴. 좀 다르지? 자세히 보면 그냥 검은색이 아니라 파란빛이 도는 검은색이란다. 둘 다 죽은 동물의 몸이나 배설물에 모이고, 등불에도 자주 찾아오지. 제법 자

죽은 쥐에 모인 큰넓적송장벌레

큰넓적송장벌레와 달리 끝이 갑자기 넓어지지 않는다.

넓적송장벌레

노랑망태버섯에 모인 대모송장벌레들

비둘기 사체에 모인 곰보송장벌레들

주 보이는 송장벌레야.

**진욱** 송장벌레는 죽은 동물의 몸만 먹나요?

**새벽들** 송장벌레 대부분이 그렇고, 때론 고약한 냄새를 풍기는 버섯에도 모인단다. 버섯 중에 노랑망태버섯이 있는데 이 버섯 포자가 흘러내릴 때 썩은 냄새가 나거든. 그 냄새에 이끌려 송장벌레가 모이기도 해. 주로 대모송장벌레 녀석들이 떼로 몰려다니면서 그곳에서 먹이 활동을 하지.

**진욱** 버섯에 모이는 송장벌레도 있군요.

**새벽들** 그렇지. 하지만 송장벌레 대부분은 주로 죽은 동물의 몸에 모여. 아저씨가 산에 오르다가 죽은 비둘기를 보았지. 무심코 비둘기를 들췄다가 얼마나 놀랐는지 지금도 생각하면 좀

죽은 두더지 몸에 모인 검정수시렁이, 곰보송장벌레, 대모송장벌레, 쉬파리

손이 근질근질해. 송장벌레들이 우르르 몰려나오는데 아무리 아저씨가 곤충을 좋아한다 해도 그 장면은 좀 징그럽더구나.

**영서** 와, 아저씨도 징그러운 곤충이 있어요? 신기하네요, 헤헤. 이제부턴 저도 죽은 동물이 보이면 꼭 확인해 봐야겠어요. 송장벌레들이 있는지.

**새벽들** 또 죽은 두더지를 봤는데, 갑자기 호기심이 생기더구나. 여기에 어떤 곤충들이 올까 말이야. 가만히 앉아서 관찰했는데, 짧은 시간이었지만 여러 곤충들이 보이더구나.

**영서** 아저씨는 별일을 다 하시네요. 냄새가 고

약할 텐데…….

**새벽들** 그래도 이 녀석들이 얼마나 고마운 곤충인데. 만약 송장벌레가 없다면 숲은 죽은 동물들로 넘쳐 날 거야. 참 고마운 녀석들이지.

**영서** 어머, 정말 그렇네요. 고맙다, 송장벌레들아, 헤헤.

**진욱** 그럼 송장벌레들은 모두 죽은 동물들만 먹나요?

**새벽들** 꼭 그렇지는 않아. 독특하게 살아 있는 애벌레를 사냥하는 송장벌레도 있고, 동물이

애벌레를 사냥해서 먹는 네눈박이송장벌레

식물을 먹는 송장벌레로 알려진 금털송장벌레

등불에 모인 참애송장벌레

수중다리송장벌레

큰수중다리송장벌레 더듬이 끝 세 마디가 붉은색이다.

아닌 식물을 먹는 송장벌레도 있지. 물론 아직 생태가 다 알려지지 않는 송장벌레들도 있어. 송장벌레도 이제 막 연구하는 단계라서 많이 알려진 녀석이 별로 없단다. 등불에도 자주 모이니까 조금만 주의를 기울이면 송장벌레를 여러 종 만날 수 있을 거야.

**영서** 우와, 벌써 다 내려왔네요. 여러 가지 곤충들을 보고 이야기도 하면서 내려오니까 금방이네요.

**진욱** 아저씨, 저기 등화 천에 시커먼 애가 있어요. 쟤도 송장벌레인가요?

**새벽들** 저 녀석은 반날개라고 해.

**영서** 반날개요?

**새벽들** 응, 이름처럼 딱지날개가 반밖에 안 되지. 다른 곤충을 잡아먹고 사는데 등화 천에 자주 날아온단다. 워낙 크기나 모양이 제각각이라 이름 불러 주기가 쉽지 않아. 우리나라에는 500종이 넘게 산다고 알려졌어.

**영서** 반날개가 그렇게 많아요? 갈수록 태산이네요.

노랑털검정반날개     청딱지개미반날개     반날개 종류

반날개 종류     북방긴뿔반날개

알꽃벼룩

**진욱** 그러게. 반날개만도 500종이 넘는다니, 놀라워라~.

**영서** 어, 저기 나란히 앉아 있는 애들은 뭐예요? 작지만 동글동글한 게 귀여워요.

**새벽들** 저 녀석들은 알꽃벼룩과에 속하는 알꽃벼룩이란다.

**영서** 그럼, 쟤들이 강아지 몸에 사는 벼룩과 같은 애들인가요?

**새벽들** 그 벼룩과는 달라. 벼룩은 벼룩목 벼룩과에 속하는 곤충이고, 저 녀석들은 딱정벌레목 알꽃벼룩과에 속하는 딱정벌레 종류란다. 집안이 전혀 다른 곤충이지.

**영서** 여기 날파리 같은 애가 왔어요.

**진욱** 가만, 날파리가 아니라 길앞잡이네. 잘 봐, 작아서 그렇지 길앞잡이야.

**영서** 어, 그렇네, 길앞잡이구나. 흥, 너무 작아.

**새벽들** 그래, 길앞잡이란다. 꼬마길앞잡이야. 영서 말대로 너무 작아서 파리처럼 보일 거야. 얼마 전에 오래된 염전을 조사하면서 이 녀석을 만났는데 어찌나 빨빨거리던지, 아저씨도 처음에는 파리인 줄 알았어. 잘 봐, 딱지날개 무늬가 아름답잖아? 아주 작은 길앞잡이지만 참 예쁜 녀석이지. 또 무녀길앞잡이와 아이누길앞잡이도 보았는데 그 녀석들도 이 꼬마길앞잡이처럼 작아. 모두 비슷하지만 딱지날개 무늬가 서로 다르단다.

**진욱** 와, 이렇게 작은 길앞잡이도 있었네요. 사실 턱을 보면 좀 무서워요.

**새벽들** 저 무시무시한 턱으로 지렁이를 먹을 때면 서걱서걱 소리가 들릴 정도란다. 집게처럼 생긴 턱은 먹이를 사냥할 때뿐만 아니라 짝짓기할 때도 사용하지. 암컷이 도망가지 못하게 저 집게 같은 턱으로 물거든.

주로 낮에 보이는 길앞잡이를 비롯해서 우리나라에는 여러 종의 길앞잡이가 산단다. 가끔 등불에도 찾아오는 반가운 녀석이지. 신기한 것은 가끔 길앞잡이 중에 딱지날개 무늬만 빼고 온통 검은색인 흑색형 길앞잡이도 보인다는 거야. 신비로운 자연의 현상이지.

**진욱** 저 녀석은 아까 산에서 봤던 거저리이고, 옆에 있는 아이는 풍뎅이인데요? 풍뎅이 딱지날개에 하얀색 점이 있어요. 귀여워요.

**영서** 와, 앙증맞은 풍뎅이다. 누구예요?

**새벽들** 주둥무늬차색풍뎅이구나. 그 옆에 있는 거저리는 강변거저리고.

**영서** 주둥무늬…… 뭐라고요?

**새벽들** 주둥무늬차색풍뎅이. 우리나라에 은근 풍뎅이가 많이 살아. 밤에 등불에 모이는 녀석들도 꽤 되지. 어때, 이번에는 풍뎅이를 집중해서 관찰해 볼까?

**영서** 네, 그 전에 좀 쉬어요. 배도 고프고.

**진욱** 그래요. 우리 간식 먹고 나면 힘이 더 날 거예요, 헤헤.

**새벽들** 좋아, 그러자꾸나. 하하.

꼬마길앞잡이

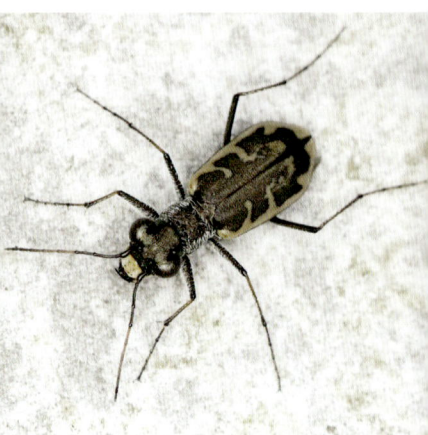

무녀길앞잡이

아이누길앞잡이

낮에 본 길앞잡이

길앞잡이 흑색형

주둥무늬차색풍뎅이, 강변거저리

# 동글동글 반짝반짝 풍뎅이와 꽃무지!

사슴풍뎅이 수컷

**영서** 아저씨, 여기 아주 조그만 풍뎅이가 있어요. 입이 독특하게 생겼어요.

**새벽들** 잠깐만, 너무 작아서…… 여기 관찰통 안에다 넣고 보자. 음, 소똥풍뎅이구나. 소똥구리과에 속하는 모가슴소똥풍뎅이야.

**진욱** 모가슴이요?

**새벽들** 수컷을 앞에서 보면 가슴 양쪽이 각이 져서 붙인 이름이지. '모가슴'이란 말은 가슴이 각이 졌다는 뜻이거든. 아주 작은데 잘 찾았구나. 비슷한 녀석으로 소요산소똥풍뎅이도 있

모가슴소똥풍뎅이 암컷

모가슴소똥풍뎅이 수컷

소요산소똥풍뎅이 수컷

소요산소똥풍뎅이 암컷

**영서** 그럼, 얘도 소똥구리인가요?

**새벽들** 우리나라에 사는 소똥구리 무리에는 소똥구리와 이 녀석처럼 소똥풍뎅이가 있단다. 정확하게는 소똥구리과 소똥풍뎅이아과라고 할 수 있지.

고, 주로 5월쯤에 보이는 고려소똥풍뎅이도 있어. 작지만 아주 멋진 녀석들이지.

고려소똥풍뎅이 수컷

**왕풍뎅이 수컷** 더듬이가 독특하게 생겼다.

**진욱** 얘도 소똥구리처럼 구슬 같은 소똥 경단을 만드나요?

**새벽들** 그렇지. 보통 소똥이나 사람 똥에 모이는데, 짝짓기 철이면 작은 구슬 같은 똥 경단을 만들어서 굴속으로 끌고 들어간단다. 그리고 그 속에 알을 낳지. 알에서 깨어난 애벌레는 똥을 먹으면서 자라고.

**영서** 와, 신기한 녀석이네요.

**새벽들** 수컷과 암컷이 조금 다르게 생겼지. 보통 수컷은 가슴에 뿔 같은 돌기가 있고, 암컷은 아주 작거나 없단다. 특히 고려소똥풍뎅이는 아주 작은 장수풍뎅이처럼 생겼는데, 정말 멋져.

**영서** 와, 여기 완전 큰 풍뎅이가 있어요. 소똥풍뎅이를 보다가 얘를 보니까 더 큰 것 같아요. 빨리 와 보세요. 더듬이가 완전 예술이에요.

**진욱** 진짜네, 완전 커!

**왕풍뎅이 암컷** 더듬이가 짧다.

**새벽들** 왕풍뎅이구나. 진짜 왕이야, 하하. 영서 말대로 더듬이가 완전 예술이고. 검정풍뎅이과에 속하는 녀석이란다. 지금 보는 녀석은 수컷이지. 암컷은 더듬이가 저렇게 멋지지 않고 짧아. 어른벌레는 주로 참나무 잎을 먹고 애벌레 때는 나무뿌리를 먹는다고 알려졌지. 워낙 몸이 큰 개체라 2년이 지나야 어른벌레가 돼. 첫

더듬이를 다 펼친 모습이다.

긴다색풍뎅이

해는 어린 애벌레로, 그다음 해에는 성숙한 애벌레로 겨울을 나지.

**영서** 여기에 풍뎅이가 짝짓기 하고 있어요. 다리가 기네요.

**새벽들** 어디? 긴다색풍뎅이구나. 왕풍뎅이처럼 검정풍뎅이 무리에 속해. 낮에는 주로 땅속에 숨어 있다가 해가 지면 활동하는 녀석이지.

**진욱** 여기 얘도 긴다색풍뎅이인가요?

**새벽들** 어디 보자. 음, 그 녀석은 황갈색줄풍뎅이라고 한단다. 비슷하게 생겼지만 머리 앞쪽에 있는 머리 방패판이 파여 있어 긴다색풍뎅이와 구별되지.

**영서** 여기 바닥에 풍뎅이 한 마리가 있어요. 누

머리 방패판 가운데 부분이 깊게 파여 있다.

황갈색줄풍뎅이

구죠?

**새벽들** 쌍색풍뎅이야. 머리 색과 딱지날개 색이 달라서 붙인 이름이지. 역시 검정풍뎅이과란다. 오늘은 멋진 녀석들이 많이 찾아왔는걸?

**진욱** 여기 있는 두 마리는 크기가 완전 달라요.

딱지날개가 만나는 부분이 넓다.

쌍색풍뎅이

큰검정풍뎅이(갈색형)

긴다색풍뎅이

큰검정풍뎅이(갈색형), 긴다색풍뎅이

작은 아이는 조금 전에 봤던 긴다색풍뎅이인데 큰 아이는 누구예요?

**새벽들** 어디 보자, 큰검정풍뎅이구나. 보통 검은색이지만 가끔 이렇게 갈색을 띤 개체도 보이지.

**영서** 여기 시커먼 풍뎅이가 있어요. 이 아이도 커요.

**진욱** 여기 있는 아이랑 같나요? 이 아이도 시커먼 게 좀 큰데요.

**큰검정풍뎅이** 참검정풍뎅이와 비슷하지만 앞가슴 등판에 노란 점각이 빽빽이 나타난다.

참검정풍뎅이

**새벽들** 그 녀석이 바로 큰검정풍뎅이야. 진욱이가 말한 녀석은 참검정풍뎅이고. 둘이 비슷해서 구별하기 쉽진 않지만, 앞가슴 등판에 노란색 점이 많이 보이는 녀석이 큰검정풍뎅이지. 둘 다 검정풍뎅이과란다. 어른벌레는 잎을 갉아 먹고 살지만 애벌레는 나무뿌리를 먹고 살아. 등불에도 잘 찾아오는 녀석이지.

**영서** 여기에 작은 풍뎅이가 많아요. 동글동글 너무 예뻐요. 빨간 애도 있고, 회색도 있어요.

**진욱** 어, 정말이네. 딱지날개가 여느 풍뎅이들과 달라. 아주 부드러워 보여. 누구예요?

**새벽들** 우단풍뎅이란다. 짧고 부드러운 털이 몸을 덮고 있어서 붙인 이름이야. 우단은 벨벳이라는 비단 천인데 아주 부드럽거든. 빨간색우단풍뎅이, 알모양우단풍뎅이 그리고 애우단풍뎅이도 있어.

빨간색우단풍뎅이

알모양우단풍뎅이

애우단풍뎅이

줄우단풍뎅이

흑다색우단풍뎅이

**영서** 정말 귀여워요. 전 풍뎅이가 딱정벌레라서 모두 딱딱한 줄 알았거든요. 이렇게 부드러운 느낌의 풍뎅이도 있네요. 진짜 예뻐요.

**새벽들** 풍뎅이는 종류가 너무 많아 이름을 다 부르기도 힘들 정도란다.

**진욱** 그래도 이 아이들은 안 잊을 것 같아요. 부드러운 털로 덮인 우단풍뎅이들. 깜찍하고 귀여워요.

딱지날개에 하얀색 털뭉치가 점처럼 보인다.

주둥무늬차색풍뎅이

**영서** 여기 등화 천에 비슷한 풍뎅이가 있어요. 같은 아이인가요?

**새벽들** 비슷하게 생겼구나. 한 녀석은 주둥무늬차색풍뎅이고, 다른 녀석은 쇠털차색풍뎅이란다. 얼굴이 까만 녀석이 쇠털차색풍뎅이야. 아주 비슷하지?

주둥무늬차색풍뎅이와 달리 얼굴 부분이 검은색에 가까운 갈색이다.

쇠털차색풍뎅이

**진욱** 얼굴이 까만 아이가 털이 더 많아요. 온몸이 북실북실 털북숭이예요.

**새벽들** 그렇지? 진욱이가 잘 관찰했어. 둘 다 풍뎅이과에 속한단다.

**영서** 여기에 있는 풍뎅이는 반짝반짝 빛나는 초록색이에요. 딱지날개에 줄무늬도 있고요. 엄청 멋져요.

**진욱** 와, 멋지다. 빛나는 초록 풍뎅이네요.

**새벽들** 별줄풍뎅이라고 해. 어른벌레는 소나무 같은 바늘잎나무 잎을 갉아 먹으면서 살고, 애벌레는 나무뿌리를 먹는다고 하지. 비슷한 녀석이 몇몇 있는데, 구별하기가 힘들어. 금줄풍뎅이나 대마도줄풍뎅이도 그렇고. 이 녀석들은 낮에도 보이지. 자세히 관찰하면 딱지날개 줄무늬나 다리 털 같은 차이를 알 수 있지만 처음 볼 때는 다 비슷비슷해서 혼동하기 쉬운 녀석

딱지날개에 네 개의 세로줄이 나타난다. 세로줄의 굵기는 비슷하다.

딱지날개에 굵기가 다른 세로줄 네 개가 나타난다.

금줄풍뎅이

딱지날개에 세로줄이 세 개 있으며 다리에 털이 빽빽하게 있다.

별줄풍뎅이            대마도줄풍뎅이

들이야.

**영서** 전 그냥 초록풍뎅이라고 할래요, 헤헤.

**진욱** 초록색인 풍뎅이가 이렇게 많은 줄 몰랐어요. 비슷비슷해서 구별하기가 힘들겠어요. 산에 다니다가 갈색에 반짝반짝 빛이 나는 풍뎅이도 보이던데, 혹시 갈색풍뎅이도 있나요?

**새벽들** 진욱이가 카멜레온줄풍뎅이를 봤나 보구나. 우리나라에 사는 풍뎅이 중에서 제법 쉽

카멜레온줄풍뎅이

게 보이는 녀석이야. 카멜레온줄풍뎅이 갈색형도 많이 보인단다.

**영서** 카멜레온이요? 주변 환경에 따라 몸 색깔을 바꾸는 도마뱀이요?

**새벽들** 그렇지. 얼마나 색 변이가 많으면 이름이 카멜레온이겠니? 갈색에서 초록색, 거의 검은색에 가까운 색 등 여러 가지 변이들이 나타난단다.

**진욱** 색은 달라도 반짝반짝 광택이 나겠지요?

**새벽들** 맞아. 반짝이라면 단연 풍뎅이가 일등이지. 그 녀석을 보면 너무 반짝거려 눈이 부실 걸? 이름 앞에 아무것도 붙지 않는 순수 풍뎅이 말이야. 우리나라 풍뎅이의 기본종이라고

풍뎅이

할 수 있지.

**영서** 전 암만 생각해도 초록풍뎅이가 좋아요, 헤헤.

등노랑풍뎅이

날개돋이 직후에 등불에 온 등노랑풍뎅이 얼굴에 흙이 묻어 있다.

등노랑풍뎅이 애벌레

등노랑풍뎅이 날개돋이 허물

**진욱** 여기 풀잎 위에 풍뎅이가 있는데 노란색이에요. 혹시 이 아이도 카멜레온줄풍뎅이인가요? 딱지날개에 아무 무늬도 없어요.

**새벽들** 어디 보자. 등노랑풍뎅이구나. 등불에 자주 찾아오는 반가운 녀석이지. 풍뎅이 중에서 이름 부르기가 그나마 쉬운 녀석이야. 특별한 무늬가 없어서 깨끗해 보이는구나.

**영서** 어, 여기 있는 아이는 얼굴에 진흙이 잔뜩 묻어 있어요. 흙장난을 하다 왔나?

**새벽들** 날개돋이 한 지 얼마 안 돼서 그래. 번데기를 땅속에 만들었으니 날개돋이 후에 땅을 뚫고 올라오면서 흙이 묻었을 거야. 이렇게 흙이 묻어 있는 녀석들이 종종 등불에 모이기도 하거든.

**진욱** 그럼 애벌레도 땅속에 살겠네요. 어떻게 생겼어요?

**새벽들** 장수풍뎅이 애벌레 알지? 작은 장수풍뎅이 애벌레라고 생각하면 쉬워. 텃밭을 파다

등얼룩풍뎅이 애벌레

등얼룩풍뎅이 번데기

등얼룩풍뎅이 날개돋이

보면 이 녀석의 애벌레가 가끔 보이는데 보통 몸을 C 자 모양으로 구부리고 있단다.

**진욱** 쉽게 보인다면 한번 키우고 싶네요. 아저씨는 키우신 적 있어요?

**새벽들** 예전에. 이 녀석도 그렇고, 비슷한 환경에서 사는 등얼룩풍뎅이도 키웠는데 번데기 모습이 환상적이야. 나비 번데기와 다르게 어른벌레 모습이 그대로 보이니까 신기하더라. 봄에 텃밭을 정리할 때 자주 보이니까 그때 한번 도전해 보렴.

**영서** 저도 키우고 싶어요. 등얼룩풍뎅이는 어떻게 생겼어요? 등에 얼룩이 있나요?

**새벽들** 등얼룩풍뎅이도 등불에 자주 찾아오는 녀석이지. 옳지, 저기 있구나. 저기 보이니?

**영서** 네. 쟤가 등얼룩풍뎅이구나. 옆에 있는 아이와 크기나 생김새는 비슷한데 색이 다르네요.

**새벽들** 저 녀석들도 변이가 심해. 갈색이나 검은색이 있고, 딱지날개의 얼룩 모양도 다르지. 주변에 찾아보면 여러 가지 등얼룩풍뎅이가 보일 거야. 가끔 딱지날개에 무늬가 없는 녀석이 보이는데 자료에 따라 녀석을 연노랑풍뎅이로 구분하기도 한단다. 하지만 등얼룩풍뎅이와 연노랑풍뎅이를 눈으로 구별하기는 힘들어. 그냥 참고로 알아두렴.

**진욱** 여기 바닥에 있는 풍뎅이는 딱지날개에 줄이 뚜렷해요.

날개돋이 한 지 얼마 안 됐는지
얼굴에 흙이 묻어 있다.

등얼룩풍뎅이

**영서** 그 옆에도 있는데…… 둘이 같은 아이인 가요?

**새벽들** 어디…… 비슷하지만 조금 다르구나. 딱지날개 줄무늬가 좀 다르고, 머리 방패판, 그러니까 머리 앞쪽의 모양도 좀 달라. 진욱이가 본 녀석은 홈줄풍뎅이라는 녀석이고 영서가 본 녀석은 똥풍뎅이야.

**영서** 똥풍뎅이요? 그럼 똥을 먹어요?

**새벽들** 동물이나 사람 똥을 먹지.

**진욱** 이 아이도 똥 구슬을 만드나요? 소똥풍뎅

연노랑풍뎅이는 딱지날개에
별다른 무늬가 없다.

연노랑풍뎅이

딱지날개에 홈 줄이 열 개 있다.

홈줄풍뎅이

똥풍뎅이 머리 방패판이 물결 모양이다.

이처럼요.

**새벽들** 똥을 먹고 똥 주변에 모이지만 직접 똥 구슬, 곧 경단을 만들지는 않아. 어미가 똥 더미 속이나 밑에다 알을 낳는다고 알려졌지.

**영서** 참 신기하고 재미있는 풍뎅이들이 정말 많네요.

**진욱** 네, 저도 이렇게 많은 줄 몰랐어요. 낮에도 많이 보이던데, 또 어떤 풍뎅이가 있어요?

**새벽들** 음, 콩풍뎅이 종류도 있고, 어깨무늬풍뎅이, 긴다리풍뎅이…… 아, 금풍뎅이도 있지.

**영서** 금풍뎅이요? 와, 보고 싶어요. 진짜 금색이에요?

**새벽들** 꼭 그렇진 않지만, 무척 아름다운 풍뎅이란다.

**진욱** 혹시 얘 아니에요? 아주 작고 예쁜 풍뎅이예요.

몸에 털이 많고 딱지날개 앞 가장자리에 검은색 점무늬가 있다.

어깨무늬풍뎅이

하얀색 털뭉치가 보인다.

참콩풍뎅이

콩풍뎅이

점박이긴다리풍뎅이

주황긴다리풍뎅이

**새벽들** 오, 맞구나. 그 녀석이 바로 참금풍뎅이란다. 조명 때문에 색이 제대로 보이지 않지만 낮에 보면 아주 예쁘지. 보라금풍뎅이도 그렇고. 금처럼 반짝이는 예쁜 녀석들이란다.

**영서** 진욱아, 여기 봐. 나무 틈에 이상한 아이가 있어. 턱이 사슴벌레처럼 생겼는데 너무 작아. 몸이 완전 납작해.

**진욱** 어디? 와, 신기한 아이네. 도대체 정체가 뭘까? 아저씨, 여기 좀 보세요. 이상한 아이예요.

**새벽들** 오, 풍뎅이붙이구나. 아무르납작풍뎅이붙이라는 녀석이지. 워낙 몸이 납작해서 조금

참금풍뎅이

보라금풍뎅이

아무르납작풍뎅이붙이

만 틈이 있으면 비집고 들어가는 습성이 있어. 잠깐 여기에 넣어서 보자. 어때, 잘 보이지?

**진욱** 완전 신기하네요. 납작한 것도 그렇고, 턱이 사슴벌레처럼 멋져요.

**영서** 별별 곤충이 다 있네요. 풍뎅이와 비슷해서 풍뎅이붙인가 봐요. 사슴벌레붙이가 더 잘 어울리는데, 헤헤.

**새벽들** 듣고 보니 그렇네. 그럼 우리 이 녀석을 납작사슴벌레붙이라고 부를까? 하하.

**영서** 네, 좋아요.

**진욱** 이거 사슴풍뎅이 머리 아니에요?

**영서** 우와! 그런데 왜 여기에 머리만 있지. 누가 몸은 먹었나 봐. 불쌍하다.

**새벽들** 사슴풍뎅이 수컷이구나. 영서 말대로 몸은 누가 먹은 것 같구나.

**사슴풍뎅이**

**진욱** 이 사슴풍뎅이는 누구랑 비슷한 풍뎅이예요? 아까 풍뎅이들 많이 봤잖아요. 우단풍뎅이, 똥풍뎅이, 줄풍뎅이 그리고 금풍뎅이…….

**영서** 누구랑 비슷할까? 음…… 혹시 소똥풍뎅이? 걔들도 뿔이 있었잖아.

**새벽들** 오, 영서가 멋진 추리를 했구나. 하지만, 땡! 이 녀석은 풍뎅이가 아니야. 이름에 풍뎅이가 있어 풍뎅이와 같은 집안인 줄 아는데 풍뎅이완 다른 집안이란다.

**영서** 그럼 사슴벌레랑 같은 집안이에요?

**새벽들** 아니, 이 녀석은 꽃무지 집안이란다.

**진욱** 꽃무지요? 꽃무지들은 낮에 꽃에 많이 모이던데. 그 녀석들과 같은 집안이라고요?

**영서** 저도 꽃무지 알아요. 호랑꽃무지는 많이 봤어요. 그런데…… 꽃무지랑 풍뎅이는 어떻게 달라요?

**새벽들** 비슷하기는 한데, 가장 쉽게 구별하는 방법은 녀석들의 나는 모습이지. 풍뎅이는 날 때 딱지날개와 속날개를 다 펴는데 꽃무지는 딱지날개 옆으로 속날개만 펴고 날아다닌단다. 풍뎅이와 꽃무지를 옆으로 던지면 꽃무지는 떨어지다가 바로 붕~ 하고 날아오르고 풍뎅이는 그냥 떨어져. 풍뎅이는 딱지날개까지 열어야 하니까 날기까지 꽃무지보다 시간이 더 걸리기 때문이야.

**영서** 아하, 풍뎅이와 꽃무지는 나는 방법이 다르군요. 신기해요.

**진욱** 여기 사슴풍뎅이 수컷이 있어요.

**새벽들** 근처를 찾아보자. 암컷도 보일 거야.

**영서** 여기요. 암컷은 완전히 시커먼 색이네요.

사슴풍뎅이 암컷    사슴풍뎅이 수컷

**새벽들** 잘 봐라. 수컷이 지금 위협을 하고 있구나. 위험하다고 생각하면 저렇게 팔을 벌리고 위협을 하지. 자신이 얼마나 크고 힘이 센지 천적에게 보여 주는 거야.

**진욱** 꽃무지들도 풍뎅이처럼 많은가요? 궁금해요.

**새벽들** 그렇게 많지는 않고, 손에 꼽을 정도지.

**영서** 혹시 꽃무지도 키워 보셨어요?

**새벽들** 텃밭을 정리하다 나온 애벌레 몇 마리를 통에 넣고 키워 봤지. 같은 종인 줄 알고 몇 마리를 함께 키웠는데 어른벌레가 되니 검정꽃무지와 풀색꽃무지더구나. 고치처럼 생긴 번데기 방에서 어른 꽃무지가 나올 땐 정말 신기했지. 너희도 나중에 한번 도전해 보렴.

참검정풍뎅이 날개    검정꽃무지 날개

꽃무지 종류 애벌레와 번데기

검정꽃무지 번데기방과 어른벌레

검정꽃무지와 풀색꽃무지

**영서** 애벌레 때는 꽃무지와 풍뎅이가 비슷한 것 같아요.

**새벽들** 맞아, 비슷해. 하지만 차이점도 있지. "굼벵이도 구르는 재주가 있다."는 속담을 잘 생각하면 답을 찾을 수 있을 거야. 보통 흰점박이꽃무지 애벌레를 굼벵이라고 하는데 이 녀석들은 등에 있는 억센 털을 사용해서 구르듯이 움직이거든. 이와 달리 풍뎅이 애벌레는 배로 기어가지.

**진욱** 여기 멋진 풍뎅이가 있어요! 불빛을 받으니까 초록색이 반짝반짝 빛나요.

**새벽들** 잠깐, 여기 나무그루터기에 올려놓고 보자. 음, 이 녀석도 풍뎅이가 아니라 꽃무지란다. 만주점박이꽃무지야. 우리가 봤던 초록색 풍뎅이들보다 좀 크지. 광택이 나는 초록빛 몸이 아주 멋지지 않니? 광택만 보면 풍뎅이(풍뎅이의 기본종)와 비슷하지만 딱지날개에 하얀색 점무늬가 있어 구별되지.

**진욱** 어, 저기도 크기가 비슷한 꽃무지가 있어요. 그런데 색이 다르네요.

**새벽들** 저 녀석은 흰점박이꽃무지라고, 구릿빛 광택이 멋있지. 크기는 만주점박이꽃무지와 비슷해.

**영서** 멋진 꽃무지가 많네요. 사슴풍뎅이, 흰점박이꽃무지 그리고 만주점박이꽃무지. 저기에도 꽃무지 같은 아이가 있어요. 쟤도 흰점박이꽃무지인가요? 어, 점무늬가 없네. 그럼, 안점박이꽃무지?

**새벽들** 뭐라고? 하하하. 저 녀석은 풍이라고 해. 지난번에 섬에서 본 적이 있을 텐데? 꽃무지 집안의 당당하고 멋진 녀석이지. 나무 수액이나 과일에 잘 모이고. 저 녀석도 여느 꽃무지처럼 딱지날개를 펴지 않고 속날개를 옆으로 내밀어서 날아.

만주점박이꽃무지

흰점박이꽃무지

풍이

 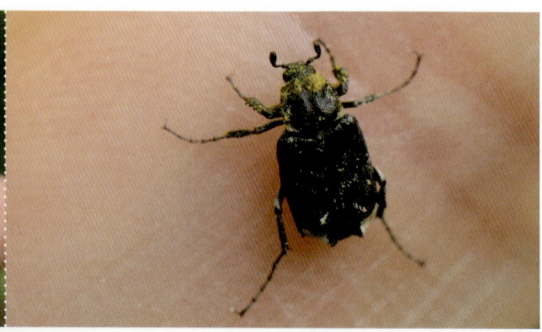

넓적꽃무지

홀쭉꽃무지

풀색꽃무지

호랑꽃무지

풀색꽃무지, 호랑꽃무지

**진욱** 저 아이는 얼굴이 사각형이에요. 신기하게 생겼어요.

**영서** 꽃무지들은 다 크고 멋있네요. 사슴풍뎅이도 그렇고 풍이도 그렇고. 작은 아이는 없어요? 풍뎅이 중에는 작고 귀여운 아이도 많았는데.

**새벽들** 꽃무지에도 작은 녀석이 있지. 온종일 꽃에 파묻혀 사는 넓적꽃무지라는 녀석인데 몸길이가 5밀리미터쯤으로 아주 작아. 얼마나 작은지 손가락에 올려놓으면 큰 점처럼 보인다니까. 수컷은 주로 꽃에 모여들고 암컷은 썩은 나무에 모이니까 꽃에서 본 넓적꽃무지들은 수컷일 확률이 높아.

홀쭉꽃무지라는 녀석도 작은 편에 속해. 검정꽃무지나 풀색꽃무지는 중간 크기이고. 너희, 호랑꽃무지를 안다고 했지? 호랑꽃무지는 풀색꽃무지와 홀쭉꽃무지의 중간쯤 크기란다. 이 정도가 우리 주변에서 제법 쉽게 보이는 꽃무지들이야.

# 방아 찧는 방아벌레!

털가슴방아벌레

**새벽들** 어제는 잘들 잤니? 둘이 캠핑을 자주 해서인지 잠자리가 불편해도 이젠 익숙해 보이는걸? 자, 또 밤이 왔으니 슬슬 나가 볼까?

**영서** 아까 보니까 등화 천에 어른들이 계시던데요?

**새벽들** 아, 아저씨가 아는 분들인데, 같이 관찰하고 싶다고 해서 오시라고 했다. 미리 관찰하고 사진만 찍는다고 했으니까 우리가 나갈 때쯤엔 가셨을 거야. 같이 관찰하면 좋겠지만 산에서 꼭 보고 싶은 곤충이 있다고 먼저 올라가신다는구나. 자, 나갈까?

**진욱** 오늘도 기대가 돼요. 어떤 아이들을 만날까요?

**영서** 크고 멋진 아이들을 만났으면 좋겠어요, 헤헤.

**새벽들** 나도 그래. 벌써 기대가 되는구나.

**진욱** 아저씨, 저기 큰 아이가 왔어요. 두 마리나요.

**영서** 와, 아이들 더듬이가 완전 예술이에요. 더듬이가 톱니 모양인데 누구죠?

**새벽들** 왕빗살방아벌레란다. 방아벌레 무리 중에서 가장 크다고 알려진 녀석이지. 그래서 이름에 '왕' 자를 붙인 거란다.

**영서** 방아벌레라면…… 뒤집어 놓으면 딱 하고 방아 찧듯이 일어나는 애요?

**새벽들** 응, 그 방아벌레. 더듬이가 정말 멋지지. 애벌레는 주로 하늘소나 나무좀의 애벌레 등 작은 곤충을 잡아먹는다고 알려졌지. 아이쿠, 저기 저 녀석이 천을 기어 올라가다가 뒤집

등화 관찰

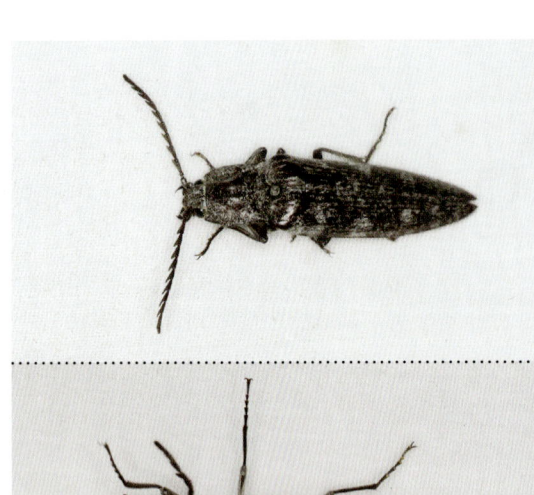

더듬이가 톱니 모양이다.

왕빗살방아벌레

녹슨은방아벌레

어졌구나. 저러다가 바로 발딱 일어날 거야.

**영서** 쟤는 배 아랫면에도 털이 있네요. 몸에 하얀색 털이 북슬북슬해요.

**진욱** 여기도 비슷한 애가 있어요. 왕빗살방아벌레보다는 좀 작지만 그래도 커요.

**영서** 몸이 얼룩덜룩해서 좀 지저분해 보여요.

**새벽들** 그렇지? 이름도 녹슨은방아벌레란다. 몸 무늬가 쇠가 녹이 슨 것처럼 보인다고 붙인 이름이지. 애벌레는 땅속에서 살고 번데기도 땅속에 만들지. 자, 잠깐 손바닥에 올려놨다가

죽은 척하는 녹슬은방아벌레

낮에 본 녹슬은방아벌레

땅에 놔 볼게. 이 녀석이 어떻게 하는지 볼까?

**영서** 완전히 죽은 척이네요.

**진욱** 저러다가 갑자기 발딱 일어나겠죠?

**새벽들** 맞아. 그래서 방아벌레지. 천적이 나타나면 죽은 척하다가 갑자기 발딱 일어나 천적을 놀라게 해. 영리한 녀석이란다.

**영서** 여기도 있어요. 비슷하게 생겼어요.

**새벽들** 그 녀석은 가는꽃녹슬은방아벌레라고 하지. 둘이 완전 비슷한데, 굳이 차이점이라면 가는꽃녹슬은방아벌레의 앞가슴 등판 돌기가 가로로 더 길단다.

녹슬은방아벌레보다 앞가슴 등판의 돌기가 가로로 더 길다.

가는꽃녹슬은방아벌레

**루이스방아벌레 암컷** 더듬이가 톱니 모양이다.

**루이스방아벌레 수컷**

**진욱** 영서야, 이리 와 봐. 여기 이 녀석은 왕빗살방아벌레보다 더듬이가 더 예술이야. 정말 멋져. 이쪽이야.

**영서** 와, 정말이네. 어떻게 이런 더듬이가 다 있지? 아저씨, 얘도 방아벌레예요?

**새벽들** 오늘은 영서가 방아벌레 더듬이에 반한 모양인데? 하하. 루이스방아벌레야. 지금 있는 건 수컷이고. 수컷은 저렇게 더듬이가 빗살 모양이지만 암컷은 톱니 모양이라고 해. 아저씨는 암컷을 보지 않아서 정확한 모양은 알 수 없지만, 왕빗살방아벌레 더듬이와 비슷하게 생겼을 거야. 그러고 보니 덩치도 비슷한걸? 둘 다 우리나라 방아벌레 중 대형 종에 속하지.

**진욱** 여기 있는 방아벌레는 녹슬은방아벌레보다 더 얼룩덜룩해요. 몸에 털도 많고요.

**영서** 정말? 무늬가 지저분하네. 누구죠?

**새벽들** 얼룩방아벌레란다. 녹슬은방아벌레보다 몸이 좀 길쭉하게 생겼지. 무늬가 얼룩덜룩해서 붙인 이름이야. 이 녀석도 몸이 커서 눈에 잘 띄는데 주로 나뭇가지나 풀잎 위에서 생활

**얼룩방아벌레**

모진방아벌레

한단다.

**진욱** 여기 돌 틈에도 있어요. 가까이 가니까 머리를 콕 박고 숨었어요.

**영서** 머리만 콕 박으면 뭐 해? 몸은 다 보이는데. 바보, 헤헤. 얘도 무늬가 지저분해요.

**진욱** 자세히 보면 조금 달라. 얘도 얼룩방아벌레인가요?

**새벽들** 어디? 음, 이 녀석도 얼룩방아벌레처럼 무늬가 얼룩덜룩하기는 한데, 모진방아벌레라고 한단다. 무늬가 각이 졌는지, 아니면 몸 어디에 각이 진 모양이 있는지 이름이 참 묘하지? 모진이란 말은 각이 졌다는 뜻이거든.

**진욱** 아하, 모가슴소똥풍뎅이 할 때의 그 '모'요?

**새벽들** 와, 진욱이 기억력이 보통 아닌걸? 대단해, 하하.

**영서** 진욱이는 기억력이 대단하고, 전 찾는 능력이 대단하죠. 특히 전 방아벌레 전문이에요. 저기 보세요. 벌써 또 찾았어요. 어때요?

**새벽들** 하하하, 영서도 대단하다. 저 녀석은 참 신기하게 생겼네. 몸이 길쭉하고 딱지날개 끝이 뾰족해. 보통 방아벌레들과는 몸 형태가 좀 달라 보이지?

**진욱** 정말 그렇네요. 뾰족한 방아벌레인데요. 이름이 뭐예요?

**새벽들** 시이볼드방아벌레로 보이는데…… 정확하지는 않아. 시이볼드방아벌레를 검색해 보면 자료가 거의 없어. 도감에도 비슷한 사진만 있고. 자료가 부족해서 정확하지는 않지만 시이볼드방아벌레 같아.

**영서** 이름이 참 이상해요. 아까 루이스도 그렇고 시이볼드도 그렇고. 사람 이름인가요?

**새벽들** 아마 그럴 거야. 녀석을 처음 발견하거나 처음 이름을 붙인 사람이겠지. 더 자세한 건 모르겠어.

**영서** 이름이야 어떻든, 멋진 방아벌레들이 많아요.

**진욱** 저도 방아벌레가 이렇게 멋진 애들인 줄 몰랐어요. 더 찾아보죠. 오늘은 완전 방아벌레 날이네요, 헤헤.

**영서** 여기도 방아벌레가 있어요. 이제 이름은 정확히 몰라도 방아벌레라는 건 알겠어요. 약간 다르면서도 어딘지 모르게 비슷해요, 후후. 이 아이는 다리가 몸과 다른 색이네요.

시이볼드방아벌레

붉은다리빗살방아벌레

**진욱** 더듬이도 다리와 색이 같아요. 몸에 털도 많고요. 음, 딱지날개는 뒤로 갈수록 뾰족해 보여요.

**새벽들** 아주 예쁜 녀석이네. 다리와 더듬이가 적갈색을 띠어서 붉은다리빗살방아벌레라는 이름이 붙었단다. 방아벌레는 비슷한 녀석이 많아서 이름 부르기가 조심스러워. 이 녀석도 등불에 자주 찾아오지. 주로 나뭇가지나 풀잎 위에서 생활한다고 알려졌고.

**영서** 저기 돌 위에도 방아벌레가 한 마리 있어요. 몸에 털이 많아요.

**진욱** 어, 쟤는 다리와 더듬이가 검은색이에요. 몸은 조금 전에 봤던 붉은다리빗살방아벌레와 비슷한데…….

**새벽들** 어디? 음, 큰빗살방아벌레구나. 예전에는 검정빗살방아벌레였는데 무슨 까닭인지 이름이 바뀌었어. 낮에도 가끔 보이고, 운이 좋으면 짝짓기하는 모습도 볼 수 있어.

**진욱** 여기 아주 화려한 아이가 있어요. 몸이 빨간 방아벌레예요.

큰빗살방아벌레(검정빗살방아벌레)

**영서** 정말? 와, 빨간색 방아벌레도 있구나. 까만 목도리도 했네~.

**새벽들** 대유동방아벌레란다. 5, 6월에 자주 보이는 녀석인데, 웬일이지? 우리나라 방아벌레 가운데

큰빗살방아벌레(검정빗살방아벌레) 짝짓기

대유동방아벌레

화려한 방아벌레에 속하지. 낮에 보면 정말 환상적이란다. 가끔 칙칙한 갈색이나 연한 갈색도 보이곤 해.

**진욱** 대유동이요?

**새벽들** 아마 지명 같은데, 정확하게는 모르겠다. 대체로 쉽게 보이는 방아벌레지. 그래도 어른벌레는 풀잎을 먹는다는 정도일 뿐, 알려진 생태 정보가 별로 없어. 녀석을 잡아서 손에 올려놓으면 죽은 척하는데 뒤집어서 보면 정말 신기하단다. 더듬이와 다리가 마치 변신 로봇처럼 쏙 접히거든. 그러다가 갑자기 딱 소리를 내며 튀어 오르지. 이 소리에서 영어권에서는 방아벌레를 클릭 비틀(Click Beetle)이라고 한단다.

**영서** 후후, 이름이 재미있어요. 클릭 클릭~.

**진욱** 여기 있는 방아벌레는 좀 달라 보여요.

**새벽들** 어디, 누런방아벌레구나.

**영서** 딱지날개 색이 누런색이라 그런가요? 아니면 몸에 난 털이 누런색이라서요?

**새벽들** 글쎄, 두 가지 다 아닐까? 하하. 이 녀석도 주로 5, 6월에 많이 보이고, 가끔 여름에도 보이지.

**진욱** 이 아이는 비슷하게 생겼는데 색이 좀 달라요.

**영서** 그렇네, 머리가 노랗네. 얘가 진짜 누런방아벌레 아니에요?

**새벽들** 그래? 그 녀석이 진짜 누런방아벌레로 보이네, 하하. 아쉽지만 아니란다. 좀 요상한 이름이지.

**진욱** 뭔데요?

**새벽들** 주걱턱!

**영서** 주걱턱이라뇨?

**새벽들** 이 녀석 이름이 주걱턱~ 주걱턱방아벌레란다.

누런방아벌레

주걱턱방아벌레

노란점색방아벌레

크라아츠방아벌레

**영서** 에이, 잘 모르시니까 막 둘러대는 거 아니에요? 세상에 주걱턱이라는 곤충 이름이 어디 있어요?

**새벽들** 어, 진짜야, 진짜. 주걱턱방아벌레라고.

**진욱** 하긴 무슨 이름인들 없겠어요. 곤충이 얼마나 많은데. 전 믿어요, 헤헤. 그 많은 곤충에 이름 붙이려면 얼마나 힘들겠어요.

**영서** 주걱턱방아벌레, 아무튼 재미있는 이름이네요. 요 녀석은 클릭 클릭 주걱턱! 헤헤.

**새벽들** 이름도 이름이지만, 방아벌레에 관한 자료가 많지 않아 생태가 자세히 알려진 녀석이 별로 없단다. 겨우 이름 정도만 알려진 녀석들이 더 많지.

**진욱** 또 어떤 방아벌레들이 있는데요?

**새벽들** 노란점이 매력적인 노란점색방아벌레, 딱지날개에 노란 점이 있는 크라아츠방아벌레, 반짝반짝 청동방아벌레, 딱지날개에 검은색 테두리가 있는 검은테광방아벌레, 방아벌레와 비슷하게 생긴 석점박이방아벌레붙이 따위가 우리 주변에서 볼 수 있는 녀석들이지.

청동방아벌레

고려청동방아벌레

검은테광방아벌레

석점박이방아벌레붙이(방아벌레붙이과)

진홍색방아벌레

**영서** 여기 빨간색 아이가 있어요. 작지만 방아벌레로 보이는데요.

**진욱** 머리는 검은색이네. 딱지날개에 점도 있고. 아주 예쁘게 생겼는데 얘도 방아벌레예요?

**새벽들** 진홍색방아벌레라고 하지. 어른벌레로 겨울을 나기 때문에 이른 봄부터 보인단다. 색이 예뻐서 사람들이 아주 좋아하는 녀석이야.

**영서** 색이 참 신기해요. 완전 빨간색도 아니고 주황색도 아니에요. 대유동방아벌레 색과 비슷하면서도 조금 달라요.

**새벽들** 그래서 진홍색이라는 이름을 붙인 것이겠지. 한겨울에 썩은 나무껍질을 벗겨 보면 무리 지어 겨울잠 자는 모습을 볼 수 있단다.

**진욱** 여기 좀 와 보세요. 썩은 나무껍질이 벗겨져 있어 살짝 들춰 봤는데 안에 신기하게 생긴 애벌레가 있어요. 누구죠?

**영서** 와, 턱 봐! 물리면 꽤 아프겠다. 몸이 완전 납작해요. 그래서 나무껍질 속에서 사는구나.

**새벽들** 어디? 홍날개 애벌레구나. 몸 전체가 붉은빛이 도는 예쁜 곤충이지. 이른 봄부터 여름까지 어른벌레를 볼 수 있단다.

**진욱** 여기도 빨간빛이 도는 아이가 있어요. 이

홍날개 종류 애벌레

홍날개

하게 생겨서 구별하기가 힘들거든. 단지 암수 더듬이가 달라서 구별할 뿐이야. 수컷 더듬이는 빗살 모양이고 암컷은 톱니 모양이란다.

**진욱** 방아벌레도 있고, 홍날개도 있고, 또 홍다리붙이, 황머리털……. 어휴, 너무 어려워요.

홍다리붙이홍날개

아이가 홍날개인가요?

**새벽들** 홍날개와 비슷하기는 한데…… 머리와 가슴이 검은색이구나. 흠, 홍다리붙이홍날개나 황머리털홍날개로 보이는데, 정확한 자료가 없어서 확실하게 말하긴 어려워. 둘이 워낙 비슷

황머리털홍날개로 추정되는 개체 더듬이를 보니 수컷이다.

별홍반디

살짝수염홍반디

배마디 2개에서 빛이 나는 건 수컷이다.
암컷은 수컷보다 좀 더 크고
배마디 하나에서만 빛이 난다.

애반딧불이 수컷

애반딧불이

**영서** 그래, 곤충들이 다 비슷하게 생겨서 구별하기가 힘들어. 그래도 이런 곤충들을 볼 수 있어서 좋아요, 헤헤.

**진욱** 설마 또 비슷한 아이가 있는 건 아니겠죠? 지금 본 것만 해도 어지러워요, 헥헥.

**새벽들** 어떡하지, 또 있는데. 홍반디라는 녀석들도 아주 비슷하단다. 더듬이나 가슴 모양이 조금 다르지만 언뜻 보면 정말 비슷해서 혼동하기 딱 좋아.

**영서** 와, 이제 그만 볼래요. 빨간색에 비슷한 녀석들이 너무 많아요. 우리 다른 곤충 보러 가요, 네?

**진욱** 홍반디라고요? 그럼 개네도 반딧불이처럼 빛을 내나요?

**새벽들** 이름이 비슷해서 반딧불이라고 생각하는데 아니란다. 딱정벌레 중에 홍날개과, 홍반디과, 반딧불이과가 있지. 네가 말한 반딧불이는 반딧불이과에 속하고, 홍반디는 홍반디과에 속하는데 반딧불이처럼 빛을 내지는 못해.

애반딧불이 애벌레 물속에 사는 수서곤충이다.

# 신기한 이름의 약대벌레, 병대벌레, 의병벌레, 목대장!

서울병대벌레 짝짓기

진욱 여기 나무껍질 사이에 납작한 아이가 있어요. 아까 봤던 홍날개와는 모습이 달라요.

영서 그러게. 누굴까?

새벽들 음, 약대벌레 애벌레구나.

영서 약대요? 약대가 뭐예요?

새벽들 옛날엔 낙타를 약대라고 했단다.

진욱 어디가 낙타 같은데요?

새벽들 글쎄, 가슴을 들고 배를 구부리면서 움직이는 모습이 낙타를 닮았다고 하는데, 아저씨는 낙타보다는 지네와 더 가까워 보이는구나.

약대벌레 애벌레

약대벌레

회황색병대벌레

**영서** 저는 뱀처럼 보여요, 머리를 들고 기어가는 모습처럼요.

**새벽들** 그래, 영서 말대로 뱀처럼 보였는지 영어로 스네이크 플라이(Snakefly)라고 한단다. 어른벌레도 애벌레와 얼굴이 아주 비슷하게 생겼어. 앞뒤 날개 크기가 비슷하지. 이 녀석은 겹눈만 있고 홑눈이 없단다.

**진욱** 신기한 곤충이네요. 애벌레 입을 보니까 다른 곤충을 잡아먹을 것 같아요.

**새벽들** 맞아. 애벌레는 나무껍질 속에 살면서 작은 곤충들을 잡아먹지. 책에는 주로 소나무 껍질 속에서 산다는데, 여기저기 찾아보면 꼭 소나무만은 아니야. 느티나무나 감나무에서도 발견되니까 아마 여러 나무에 사는 듯해. 알, 애벌레, 번데기, 어른벌레의 변화를 거치는 갖춘탈바꿈을 한단다. 예전에는 풀잠자리와 같은 집안이었지만 이제는 여러 가지 다른 특징이 나타나 따로 약대벌레목이 꾸려졌어. 이 녀석의 정확한 분류는 약대벌레목 약대벌레과의 곤충이지.

**진욱** 여기 등화 천에 작은 곤충이 있어요. 처음 보는데요?

**영서** 여기 풀잎에도 있어요. 같은 아이인가요?

**새벽들** 어디? 음, 병대벌레구나. 몸이 회색이면서 황색 줄이 있어 회황색병대벌레라고 하지.

**영서** 병대요? 병대가 무슨 뜻이에요? 약대와 비슷하나요?

**새벽들** 병대는 군대를 말해. 이 녀석들이 날개 돋이 후에 한꺼번에 몰려다니는 모습이 군대 같다든가, 머리 모양이 군인들이 쓰는 철모를 쓴 것 같다고도 해서 붙인 이름이지. 약대와는 전혀 다른 뜻이야.

**진욱** 애들은 뭘 먹고 살아요?

**새벽들** 작은 곤충들을 잡아먹고 살아. 애벌레

등점목가는병대벌레

노랑줄어리병대벌레

노랑테병대벌레

서울병대벌레

연노랑목가는병대벌레            작은눈산병대벌레

로 겨울을 나고 어른벌레는 5, 6월경에 많이 보인단다. 물론 가끔 여름에도 보이고.
**영서** 병대벌레에는 어떤 아이들이 있나요?
**새벽들** 생각보다 종류가 많아. 낮에도 보이지만 등불을 켜 놓으면 종종 찾아오지. 우리 주변에 등점목가는병대벌레, 서울병대벌레, 노랑줄어리병대벌레도 있고. 비슷비슷한 녀석들이 많아서 세심한 관찰이 필요한 녀석들이지.

더듬이가 시작되는 부분에 향기주머니가 있다.

노랑무늬의병벌레 수컷

의병벌레(국명 없음)

향기주머니가 없다.

노랑무늬의병벌레 암컷

**영서** 약대도 있고 병대도 있고……. 설마 이름이 비슷한 벌레가 또 있는 건 아니죠?

**새벽들** 아니, 병대벌레와 아주 비슷한 뜻인 의병벌레가 있지. 의병도 군인을 말하거든.

**진욱** 의병이요? 신기한 이름이네요.

**새벽들** 우리 주변에 가끔 보이는 녀석으로 노랑무늬의병벌레가 있지. 이 수컷은 더듬이에 향기주머니 있어 암컷을 유혹한단다.

**영서** 정말요? 신기해요.

**새벽들** 수컷은 짝짓기 철이 되면 더듬이가 시작되는 부분에 있는 향기주머니에서 암컷을 유혹하는 향기를 내보내지. 암컷이 향기에 이끌려 수컷 주변으로 다가오면 수컷은 그 향기

**목대장**

를 암컷 더듬이에 묻힌 다음 짝짓기를 한다고 해. 향기는 일종의 약혼이 아닌가 싶어. 이 암컷은 나와 결혼할 짝이니까 다른 수컷들은 건드리지 말라는 표시지.

**영서** 군대도 있고, 군인도 있고……. 또 없나요?

**새벽들** 있지. 대장도 있단다.

**영서** 대장이요?

**진욱** 나는 알지롱~. 목이 긴 대장. 맞죠?

**새벽들** 오, 맞아.

**영서** 목이 길면 목대장인가?

**새벽들** 딩동댕! 맞아, 그래서 목대장이야.

**영서** 진짜로요? 전 장난으로 말한 건데. 정말 목이 길어요? 얼마큼이나요? 기린처럼요?

**진욱** 목이 길긴 한데 기린처럼 긴 건 아니고 다른 곤충과 비교해서 길다는 거지.

**새벽들** 여름에 가끔 보이기도 하지만 주로 5, 6월에 많이 보이지. 이 녀석도 불을 켜 두면 종종 놀러온단다. 진욱이 말처럼 목이 길어 보여서 목대장이라는 이름이 붙었지. 갈색도 있고, 갈색에 검은색 줄무늬가 있기도 하고, 아예 검은색도 있지. 체색 변이가 많은 녀석이란다. 배와 더듬이가 다른 곤충보다 길어서 '가짜 하늘소'라는 별명도 있다고 해.

**영서** 오늘은 군인과 관계가 있네요. 병대, 의병, 그리고 대장……. 멋진 아이들을 만나서 기

길쭉표본벌레(딱정벌레목)

곰보벌레 우리나라에서 가장 원시적인 딱정벌레. 주로 밤에 활동한다.

다듬이벌레(다듬이벌레목)

넓적머리대장

머리대장

분 좋아요.

**새벽들** 너무 작아서 찾긴 힘들지만 표본벌레, 다듬이벌레도 있단다. 아주 개성이 넘치는 녀석들이지. 표본벌레는 딱정벌레목에 속하고 다듬이벌레는 다듬이벌레목에 속해.

**영서** 와, 이제 별 신기한 곤충이 다 있네요.

**진욱** 그러게. 처음 들어보는 곤충 이름에, 처음 보는 곤충도 많고. 정말 곤충 세계는 신기하고 신비로운 세계예요! 어려워도 전 곤충이 좋아요, 헤헤.

**영서** 저도요, 헤헤.

**새벽들** 나도, 하하하.

# 하늘을 나는 소, 하늘소와 하늘소붙이!

굵은수염하늘소

진욱 목대장을 가짜 하늘소라고 한다는데, 하늘소와는 약간 비슷하면서도 다르네요.

영서 그럼 우리 진짜 하늘소 만나러 가면 어때요? 갑자기 하늘소, 하늘소 하니까 보고 싶어졌어요. 하늘소 찾으러 산으로 가요, 네?

새벽들 시간이 좀 늦었는데, 음…… 좋아, 가자! 사실 아저씨 친구들도 하늘소 찾는다고 산으로 올라갔거든. 아마 산 중턱 공터에 등화를 설치해 놨을 거야. 너희만 좋다면 같이 가자. 오늘은 좀 늦게까지, 어쩌면 새벽까지 할지도 몰라. 새벽에 등화로 날아오는 하늘소도 있거든. 자, 출발!

영서 그런데 왜 하늘소라는 이름을 붙였어요?

새벽들 하늘소를 앞에서 보면 꼭 소처럼 생겼거든. 굵은 더듬이는 뿔처럼 보이고. 그래서 하늘을 나는 소처럼 생겼다고 붙인 이름이지. 영어로는 '뿔이 긴 딱정벌레'라는 뜻으로 'Long-horned Beetle'이라고 해. 이 녀석들은 힘이 아주 세서 한번 움켜잡으면 쉽게 놓질 않아. 일부러 사람들이 돌을 들게 해도 아주 잘 들어. 북한에서는 돌을 잘 드는 곤충이라는 뜻으로 '돌드레'라고 부른다더라.

진욱 하늘소는 더듬이가 무척 길지요? 암컷과 수컷을 더듬이 길이로 구별한다는 말을 들었는데, 맞나요?

새벽들 맞아. 보통 같은 종이라면 수컷 더듬이가 훨씬 길지.

영서 와, 저기 아니에요? 불이 환하게 켜진 데요. 관찰 텐트를 두 개나 쳤네요. 와, 불빛만 봐도 기대돼요.

새벽들 아저씨도 그래. 자, 관찰 텐트를 살펴보고 주변도 관찰해 보자. 아마 많은 하늘소를 만날 수 있을 거야. 기대해도 좋다고~.

영서 아저씨, 너무 쉽게 확신하는 것 아니세요?

새벽들 사실 방금 전에 전화가 왔는데 하늘소가 많이 모였다더라. 아저씨 친구들은 더 깊은 산으로 들어간다고 했으니까 우린 여기서 천천히 살펴보자.

진욱 아저씨, 등화 천에 커다란 하늘소가 왔어

등화 관찰

우리나라 하늘소의 기본종인 하늘소

하늘소

요. 우와, 엄청 커요.

**영서** 혹시 저거 장수하늘소 아니야?

**진욱** 그럼 완전 대박인데? 장수하늘소는 천연기념물이잖아. 빨리 가 봐요.

**새벽들** 오, 멋진 하늘소구나!

**영서** 정말이네요. 이름이 뭐예요?

**새벽들** 하늘소.

**영서** 그러니까 하늘소는 하늘소인데, 무슨 하늘소냐고요?

**새벽들** 하늘소, 앞에 아무 낱말도 안 붙는 그냥 하늘소! 우리나라 하늘소의 기본종이지. 워낙 커서 사람들이 종종 장수하늘소로 오해하기도 해.

**영서** 아, 네. 전, 아저씨가 이름을 모르시는 줄 알았어요, 헤헤. 두 마리가 있어요. 어, 가만. 저기 뒤에 있는 아이가 짝짓기하려고 해요.

**진욱** 와, 대박이다! 등화 천에서 짝짓기를 하다니. 처음 보는 장면이에요. 완전 신기해요!

**새벽들** 아저씨도 마찬가지다. 저기 더듬이가

등화 천에서 짝짓기하는 하늘소

하늘소 눈

하늘소의 크기를 짐작할 수 있다.

긴 녀석이 수컷이야. 암컷이 좀 크구나. 짝짓기를 하고 나면 암컷은 애벌레가 잘 먹는 나무껍질을 찢은 다음 산란관을 꽂아 알을 하나씩 낳지. 애벌레 상태로 나무 속에서 겨울을 난 하늘소는 이듬해 6월쯤 어른벌레로 숲에 나타난단다. 소나무 같은 바늘잎나무보다는 참나무 같은 넓은잎나무를 좋아하지. 멋지고 당당한 하늘소구나.

**영서** 저기도 시커먼 하늘소가 있어요. 쟤도 엄청 커요. 와, 더듬이가 완전 톱날이에요. 정말 멋져요.

**진욱** 암수가 같이 있나 봐요. 암컷 배가 더 넓고 더듬이는 짧아요.

**새벽들** 톱하늘소란다. 영서 말대로 더듬이가 톱처럼 생겨서 붙인 이름이야. 낮에도 보이고 밤에도 종종 보인단다. 특히 이렇게 등화를 설

톱하늘소

톱하늘소의 크기를 짐작할 수 있다.

낮에 본 톱하늘소

치해 놓으면 제법 보이지. 너희 혹시 하늘소 소리 들은 적 있니?

**진욱** 네. 하늘소 소리는 새처럼 목 안에서 나오는 게 아니라 목과 가슴 사이에서 나더라고요. 털두꺼비하늘소를 손으로 잡으면 꼭 그런 소리가 났어요.

**새벽들** 맞아. 하늘소는 목과 가슴 사이에 있는 발음기에서 소리를 낸단다. 쉽게 말하면 목과 가슴을 마찰시켜서 소리를 내는 거지. 그래서 새소리처럼 들리는 게 아니라 끼익끼익 소리로 들리지. 그런데 이 톱하늘소는 독특하게 메뚜기처럼 뒷다리와 딱지날개를 마찰시켜서 소리를 낸단다.

**영서** 신기해요, 더듬이도 그렇고 소리를 내는 방식도요. 어, 저기 땅에도 톱하늘소가 있어요.

**진욱** 제가 한번 잡아 볼게요. 와, 크다~.

**새벽들** 조심해라. 하늘소는 나무도 씹을 만큼 입이 튼튼해서 물리면 꽤 아프거든.

**영서** 여기 작은 사슴벌레 같은 아이가 있어요. 처음 봐요. 우~, 턱이 장난 아니에요. 사슴벌레보다는 작지만 턱이 멋져요.

**진욱** 여러 마리가 같이 있네. 사슴벌레도 아니고 뭘까? 더듬이가 짧으니까 하늘소도 아니고……. 누구예요?

**새벽들** 그 녀석도 하늘소란다. 검정하늘소라고 해. 더듬이가 짧아서 하늘소로 보이지 않지만 하늘소야. 턱이 잘 발달된 녀석이지.

**진욱** 더듬이가 이렇게 짧은데……. 그럼 암수 구별은 어떻게 해요?

**새벽들** 더듬이 길이로는 힘들고, 턱 생김새나 딱지날개 줄무늬로 구별하지. 자세히 보면 암컷과 수컷이 조금 다르게 생겼을 거야.

**영서** 정말이네. 딱지날개에 줄무늬가 뚜렷한 아이도 있고 희미한 아이도 있어요.

**새벽들** 줄무늬가 뚜렷한 녀석이 수컷이란다. 검정하늘소는 소나무에 알을 낳는다고 알려졌

딱지날개에 줄무늬가 희미하게 보인다.

검정하늘소 암컷

딱지날개에 줄무늬가 뚜렷하게 보인다.

검정하늘소 수컷

지. 불빛에 잘 모여서 시골 화장실이나 주유소 가로등 주변에서 쉽게 관찰할 수 있어. 여러 마리가 왔으니까 자세히 관찰해 보렴. 작지만 아주 당당한 녀석이야.

**진욱** 이렇게 생긴 하늘소도 있다니, 신기해요. 또 어떤 아이가 있을지 궁금해요.

**새벽들** 하늘소라고 모두 더듬이가 길지는 않아. 예를 들어 소나무하늘소는 처음에 보면 전혀 하늘소처럼 생기지 않아 당황스러워. 더듬이도 짧고 생김새도 하늘소 같지 않거든.

**영서** 그런데 왜 소나무하늘소예요?

**새벽들** 암컷이 소나무 같은 바늘잎나무 나무껍질 속에 알을 낳아서 붙인 이름이지. 어른벌레로 겨울을 나는데 보통 이른 봄부터 보이는 하늘소란다. 그러니까 이른 봄에 보이는 녀석들 대부분이 겨울을 난 어른벌레지. 이 녀석은 목도 길어서 여느 하늘소와는 분위기가 달라. 어떻게 보면 목대장과 비슷한 느낌이야. 가짜 하늘소라는 별명이 있는 목대장 알지? 훨씬 크지만 옆에서 보면 그 녀석과 느낌이 비슷해.

더듬이가 짧은 소나무하늘소

**진욱** 여기에 하얀색 점무늬가 있는 하늘소가 있어요. 얘도 엄청 커요.

**영서** 와, 점박이 하늘소네, 후후.

**새벽들** 알락하늘소구나. 하늘소답게 더듬이가 무척 길지? 몸에 알록달록 무늬가 있어서 알락하늘소라고 해.

**영서** 누가 하얀색 물감을 찍어 놓은 것 같아요.

**새벽들** 하얀색 점을 자세히 보면 털 뭉치란다. 하얀색 털 뭉치가 점처럼 보이는 거지. 여러 넓은잎나무 껍질에 알을 낳는다고 해. 주로 낮에 활동하는데 등화에 가끔 모이기도 하고. 멋진 녀석이야.

**진욱** 하늘소는 눈이 참 독특하게 생겼어요. 동

수컷은 더듬이가 몸길이의 2배 정도 된다.

알락하늘소 수컷

알락하늘소의 크기를 짐작할 수 있다.

알락하늘소의 눈

알락하늘소 딱지날개에 있는 털 뭉치

알락하늘소 암컷

백강균에 감염된 알락하늘소

그런 모양이 아니라 약간 찌그러진 강낭콩 같아요.

**새벽들** 보통 콩팥 모양의 눈이라고 하지. 눈이 그런 모양인 이유는 하늘소는 더듬이 역할이 아주 중요하기 때문이야. 눈이 있어야 할 자리에 더듬이가 생겨서 눈이 약간 찌그러진 콩팥 모양이 된 거지. 쉽게 말하면 눈의 일부를 더듬이에게 양보한 거야. 하늘소에게는 그만큼 더듬이가 중요하단다. 우리 주변에 쉽게 보이고 덩치도 큰 탓에 가끔 백강균에 감염된 녀석이 눈에 띄기도 해.

**영서** 여기에 엄청 큰 하늘소가 있어요! 장수하늘소처럼 생겼어요. 빨리 와 보세요.

**진욱** 어디? 와! 정말 크다. 더듬이 봐, 멋지게 생겼어.

**새벽들** 버들하늘소구나. 등화에 잘 모이는 녀석 중 하나야. 덩치가 커서 장수하늘소라고 오해하는 하늘소이기도 하지.

**진욱** 여기 나무에도 있어요. 짝짓기를 하려나 봐요. 어, 얘는 배 뒤에 뾰족한 게 있어요. 산란

수컷은 산란관이 없다.

암컷은 산란관이 몸 밖으로 나와 있다.

버들하늘소

버들하늘소 얼굴

버들하늘소 수컷      버들하늘소 암컷      버들하늘소 짝짓기

관인가요?

**새벽들** 버들하늘소는 암컷의 산란관이 몸 밖으로 나와 있어 암수 구별이 쉽단다. 여러 나무에 알을 낳는다고 알려졌어. 참 멋있지.

**영서** 아저씨가 말한 대로 눈이 콩팥 모양이네요. 가까이 보니까 약간 무서워요. 턱도 무시무시하고, 더듬이가 채찍 같아요. 가만, 더듬이 첫 번째 마디가 길고 단단하게 생긴 게 독특한데요?

**새벽들** 영서가 제대로 관찰하는구나. 맞아, 더

듬이가 독특하게 생겼지. 가까이 보니까 정말 무시무시한걸? 하하.

**진욱** 아저씨, 하늘소는 살아 있는 나무에만 알을 낳나요?

**새벽들** 꼭 그렇지는 않아. 어떤 하늘소는 죽은 나무나 베어서 쌓아 놓은 나무에 알을 낳기도 해. 그런 나무를 벌채목이라고 하는데, 우리목하늘소가 대표적으로 벌채목에 알을 낳지. 그래서 밤 곤충을 관찰할 때 벌채목 주변을 살펴보면 많은 곤충들을 만날 수 있어.

**영서** 우리목하늘소요?

**새벽들** 응. 암컷은 죽은 지 얼마 안 된 참나무 밑동에 주로 알을 낳는다고 알려졌는데, 이른 봄부터 참나무 벌채목 주변에서 쉽게 보인단다. 워낙 덩치가 크고 개체 수도 많아서 낮에도 자주 보이는 녀석이지. 털두꺼비하늘소도 벌채목 주변에서 자주 보이고.

우리목하늘소의 크기를 짐작할 수 있다.

우리목하늘소 암수

벌채목에서 관찰된 우리목하늘소

낮에 본 우리목하늘소

진욱 털두꺼비하늘소는 알아요. 아파트에서도 보이는 아이죠.

영서 저도 알아요. 등에 털 뭉치가 장난 아니에요. 손으로 잡으면 끼끼 소리도 내고, 키우는 친구도 있어요.

새벽들 털두꺼비하늘소는 아파트 단지나 도심에 있는 작은 숲에도 살아갈 만큼 번식력과 생활력이 강한 하늘소지. 개체 수가 워낙

벌채목에서 본 털두꺼비하늘소

털두꺼비하늘소 짝짓기

털두꺼비하늘소의 얼굴과 옆모습

많아서 조금만 관심을 가지면 쉽게 볼 수 있단다.

**진욱** 저기 나무를 쌓아 놓은 곳에 하늘소가 있어요. 털두꺼비하늘소 같은데, 등에 털 뭉치가 없어요!

**영서** 그러게? 털빠진두꺼비하늘소인가?

**새벽들** 뭐라고? 하하. 저 녀석은 깨다시하늘소야. 죽은 나무나 벌채목 주변에서 관찰되지. 몸에 깨를 뿌린 듯한 무늬가 있어 깨다시하늘소라고 이름을 붙였다고 해. 낮에도 보이고 밤에 등화에도 날아온단다. 낮에 녀석을 보면 얼룩덜룩한 몸에 노란색 무늬가 섞여 있어 흰깨다시하늘소와 구별되지.

**진욱** 그럼, 얘가 흰깨다시하늘소예요? 등이 얼

깨다시하늘소

낮에 본 깨다시하늘소

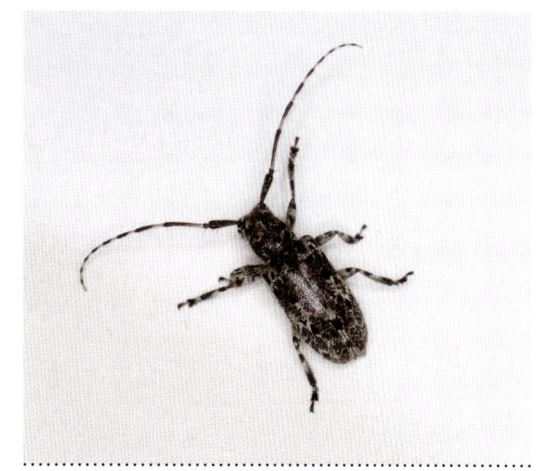

룩덜룩한데 하얀색이 섞여 있어요. 깨다시하늘소와 아주 비슷하게 생겼고요.

**새벽들** 어디 보자, 맞아. 그 녀석이 흰깨다시하늘소란다. 녀석도 등화에 자주 찾아오지.

**영서** 여기도 얼룩덜룩한 하늘소가 있어요. 털두꺼비하늘소처럼 생겼는데 조금 다르네요.

**새벽들** 그 녀석은 흰점곰보하늘소라고 해. 벌채목이나 죽은 나무에 자주 모이고, 낮에도 벌채목 주변에서 짝짓기를 하거나 나무껍질을 물어뜯는 모습이 종종 보이지. 털두꺼비하늘소나 깨다시하늘소와 비슷하게 생겨서 가끔 혼동을 일으키는 녀석이야. 암컷은 주로 넓은잎나무에 알을 낳지만 바늘잎나무에 알을 낳기도 한단다.

**진욱** 비슷한 아이들을 함께 보니까 그 차이를 알 수 있네요.

**영서** 하늘소도 생김새나 모양이 정말 여러 가지네요. 더 보고 싶어요.

흰깨다시하늘소

흰점곰보하늘소

**진욱** 여기도 하늘소가 있어요. 옆에서 보니까 몸이 부드러운 털로 덮여 있는데, 누구죠?

**새벽들** 털이 많이 빠지긴 했지만 털보하늘소란다. 더듬이 길이를 보니 암컷이구나.

**영서** 털보요? 전혀 털보 같지 않은데요?

**새벽들** 낮에 햇빛에서 보면 온몸에 덮인 부드러운 털이 더욱 도드라져 보인단다. 이 녀석도 벌채목이나 죽은 나무에 자주 모여. 넓은잎나무나 바늘잎나무 가리지 않고 알을 낳는다고 알려졌지. 낮보다는 밤에 주로 활동하는 녀석이고, 등화에 종종 놀러온단다.

**진욱** 여기 아주 작은 아이가 있어요. 몸에 노란 줄이 정말 예뻐요.

털보하늘소

노랑줄점하늘소

**영서** 어, 더듬이 한쪽이 잘렸어요! 다쳤나?

**새벽들** 어디 보자. 노란색 줄무늬에 점무늬가 있고, 노랑줄점하늘소구나. 낮에도 많이 보이는 녀석이지. 어쩌다가 더듬이를 다쳤을꼬. 하늘소에겐 더듬이가 아주 중요한 기관인데, 안타깝구나. 낮에 이 녀석을 보면 색깔과 무늬가 정말 아름답단다.

**진욱** 그 옆에도 작은 하늘소가 있어요. 무늬가 신기해요.

**영서** 어, 여기도 작은 아이가 있네. 우리가 큰 하늘소만 보니까 잘 안 보였나 봐. 자세히 보니 작은 하늘소들도 많아.

**새벽들** 그렇구나. 흠, 당나귀하늘소, 청줄하늘소, 흰가슴하늘소 또 북방곤봉수염하늘소도 있구나.

**영서** 와, 이름이 다들 왜 그래요? 당나귀도 있고, 곤봉도 있고, 콩알도 있고…… 재미있어요.

**진욱** 별 신기한 하늘소가 다 있네요. 휴, 하늘소가 이렇게 많은 줄 몰랐어요.

**영서** 우리나라에 하늘소가 얼마나 돼요?

당나귀하늘소

청줄하늘소

흰가슴하늘소

줄콩알하늘소

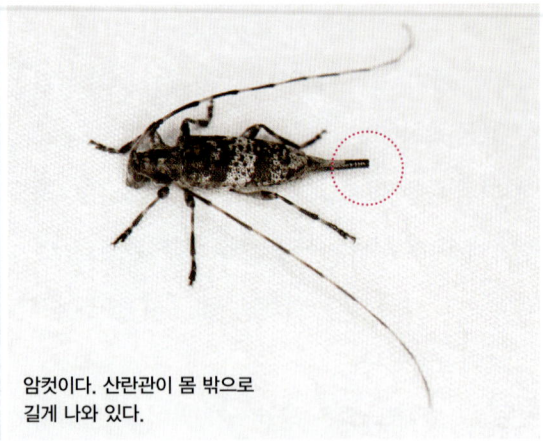
암컷이다. 산란관이 몸 밖으로 길게 나와 있다.

북방곤봉수염하늘소

**새벽들** 우리나라에 사는 하늘소는 《하늘소 생태도감》(장현규 외 지음)에 따르면, 2014년까지 모두 357종이 기록되었다고 해. 지금 밤에 잠깐 봤는데도 이렇게 여러 하늘소가 있는데, 본격적으로 하늘소를 찾아다닌다면 훨씬 더 많을 거야. 물론 낮에는 더 많겠지. 설마 너희 둘, 벌써 지친 건 아니지? 아저씨 혼자 산에 갈까?

**영서** 그럴 리가요? 같이 가요. 이름은 다 몰라도 하늘소 보는 게 신나요.

**진욱** 저도 더 보고 싶어요. 산으로 올라가서 찾아봐요, 네?

**새벽들** 좋아! 그럼 천천히 올라가 보자. 또 어떤 하늘소를 만날까 기대된다, 하하.

**영서** 전 벌써 찾았는걸요? 헤헤. 저기 보세요, 나무 데크 위에 하늘소가 있어요.

**진욱** 와, 색깔이 멋져요. 딱지날개에 무늬도 있네요.

**새벽들** 녹색네모하늘소구나. 저 녀석도 등화에 자주 찾아오는 손님이야. 아까 봤던 당나귀하늘소나 노랑줄점하늘소 그리고 북방곤봉수염하늘소처럼 긴하늘소족에 속한단다.

**진욱** 긴하늘소족이요? 족이 뭐예요?

**새벽들** 응, 곤충을 분류하는 단위로, 과 밑에 아과, 그 밑에 족이 있어. 어렵지? 그냥 몸이 긴 하늘소들을 묶은 종류라는 것만 알아둬도 괜찮아. 이 긴하늘소족에 있는 녀석들은 낮에도 자주 보이니까 이번 기회에 알아보자.

## 하늘소과 목하늘소아과
## 긴하늘소족 친구들!

노랑팔점긴하늘소

녹색네모하늘소

국화하늘소

모시긴하늘소

삼하늘소

남색초원하늘소

초원하늘소

**영서** 아저씨, 저기 보세요. 제가 손전등을 비추는 곳에 하늘소가 한 마리 있어요.

**진욱** 어, 나 쟤 아는데! 더듬이에 털 뭉치가 달린 애, 이름이 뭐더라?

**새벽들** 남색초원하늘소란다. 진욱이 말대로 더듬이에 털 뭉치가 달려 있어 쉽게 기억되는 녀석이지. 낮에 훨씬 더 많이 보인단다. 숲길을 걷다 보면 짝짓기하는 모습도 심심찮게 보이지. 녀석과 비슷한 초원하늘소는 산 정상 부근의 초원이나 헬기장처럼 햇볕이 잘 드는 곳에 산단다. 비슷하니까 같이 알아두면 좋겠지?

**진욱** 어, 쟤 긴알락꽃하늘소 아니에요? 낮에 꽃에서 많이 봤는데, 밤에 보니까 색달라요.

**영서** 저도 쟤 알아요. 꽃에서 짝짓기도 하고,

꽃을 먹느라 온통 입이 노랗던데. 밤에도 보이네요. 야, 반갑다! 후후.

**새벽들** 너희가 꽃하늘소를 아는구나. 낮에 많이 보이는 녀석이지만 가끔 밤에 보이기도 하지. 저 녀석처럼 꽃을 좋아하고 꽃에 모여드는 하늘소를 따로 모아 꽃하늘소 무리라고 한단다. 우리 주변에 꽃하늘소들이 꽤 많아. 꽃을 좋아하는 하늘소 중에서 풀색하늘소라고 있는데, 특히 홍줄풀색하늘소는 초록색 몸에 붉은 줄무늬가 아주 화려하단다. 녀석은 꽃을 좋아해서 꽃에 파묻혀 살다시피 해. 경기도 분당에서 처음 발견됐는데 요즘은 여기저기서 보여. 꽃하늘소와는 같은 무리에 속하지는 않지만 꽃을 좋아하는 것은 비슷해.

긴알락꽃하늘소

꽃하늘소

각시꽃하늘소

붉은산꽃하늘소

산각시하늘소

수검은산꽃하늘소  넉점각시하늘소

열두점박이꽃하늘소

옆검은산꽃하늘소　　　　　　　　알통다리꽃하늘소

청동하늘소

홍줄풀색하늘소

**영서** 꽃을 좋아하는 하늘소가 이렇게나 많다니! 꽃을 좋아해서 그런지 다들 예뻐요.

**진욱** 저기 나무를 좋아하는 아이도 있는데? 저기 봐.

**영서** 어디? 잘 안 보여.

**진욱** 내 손가락 끝을 봐, 저기.

**영서** 와, 하늘소가 있구나. 나무 색깔과 비슷해서 있는 것도 잘 모르겠네.

**진욱** 쟤가 움직이지 않았으면 나도 몰랐을 거야. 쟤는 나무를 좋아하나 봐. 나무줄기를 오르락내리락하더라고.

**새벽들** 오, 잘 찾았다. 저 녀석 특징이 바로 나무줄기를 오르락내리락하는 거야. 깔따구하늘소라고 하지.

**영서** 깔따구요? 깔따구라면 날파리처럼 생긴 애잖아요. 하천에 많은…….

**새벽들** 맞아. 몸 모양이 깔따구를 닮았는지 깔따구하늘소라고 불리는 녀석이지. 녀석의 특징은 우리나라에 사는 하늘소 중에서 1과 1속 1족인 하늘소로, 그야말로 유일한 하늘소지.

**영서** 그럼, 쟤는 가족이 없는 거네요. 쯧쯧, 불쌍해.

깔따구하늘소

애청삼나무하늘소

**새벽들** 그래도 저 녀석들은 개체 수가 많고 또 전국에 걸쳐서 사니까 외롭지는 않을 거야. 보통 늦은 오후부터 밤까지 보이고, 등화에도 가끔 날아오지.

**진욱** 여기도 나무를 좋아하는 하늘소가 있어요. 어, 한 마리가 아니라 두 마리인데요? 두 마리가 크기나 색이 달라요.

**영서** 그렇네. 혹시 짝짓기하려는 것 아니에요? 둘이 완전히 다르고 크기도 엄청 차이가 나는데…….

**새벽들** 애청삼나무하늘소로구나. 이 녀석들은 워낙 체색 변이가 심해서 색도 다양하지. 암컷과 수컷 같은데 전혀 다르게 보이지? 수컷이 짝짓기를 하려는 것 같은데 마치 엄마랑 아기처럼 보이네. 색이 다양하다는 자료는 있어도 크기에 관한 자료가 없어 확신할 순 없지만 암수가 맞는 것 같다. 수컷 중에서 작은 녀석과 암컷 중에서 아주 큰 녀석이 만날 수도 있거든.

참 신기한 장면이구나. 아저씨도 처음 봐.

**진욱** 혹시 다른 종은 아닐까요?

**영서** 다른 종끼리도 짝짓기할 수 있나요?

**새벽들** 그렇진 않아. 같은 종끼리만 짝짓기를 할 수 있지. 워낙 크기 차이가 나니까 아저씨도 헷갈리네. 하하. 저 녀석은 이름처럼 삼나무 같은 바늘잎나무를 좋아하고, 그곳에 알을 낳지. 어떤 때는 한꺼번에 발생하기도 해서 수십 마리가 한 나무에 보이기도 한단다. 전국에서 살고 개체 수도 많은 편이라고 해.

**영서** 저기 나뭇가지에 더듬이가 엄청 긴 하늘소가 있어요.

**새벽들** 잠깐, 여기에 담아 보자. 어때, 잘 보이지?

**진욱** 더듬이도 더듬이지만, 배 끝이 신기하게 생겼어요.

**영서** 정말이네! 화살도 아니고…… 독특해요.

**새벽들** 그래서 이름도 화살하늘소란다.

**영서** 에이, 장난이죠?

**새벽들** 정말이야. 이런 곤충 이름만 있으면 좋겠다, 그지? 영서가 느낀 대로 배 끝이 화살 깃 모양으로 생겨서 화살하늘소라는 이름이 붙었지. 낮에는 마른 나뭇가지나 잎 뒷면에 붙어 있어 보기 힘들지만, 밤에는 불빛에 이끌려 나오니까 낮보다는 만나기가 쉬운 녀석이야. 더듬이가 엄청 길지? 저 긴 더듬이가 수염처럼 보였는지 이 하늘소는 수염하늘소족에 속해. 보통 무슨무슨 수염하늘소나 무슨무슨 우단하늘소는 모두 수염하늘소족이란다. 아까 봤던 녀석 중에서 알락하늘소 기억하지? 더듬이가 엄청 길었던. 그 녀석도 바로 수염하늘소족에 속한단다.

화살하늘소

북방수염하늘소

점박이수염하늘소

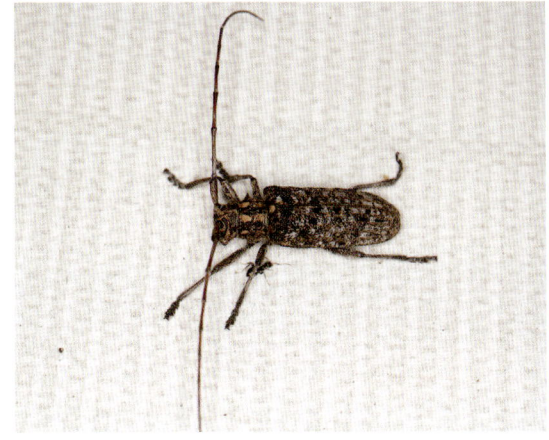

솔수염하늘소

울도하늘소

우단하늘소

작은우단하늘소

**영서** 저기 재미있게 생긴 하늘소가 있어요. 꼭 사람이 만든 장난감 하늘소 같아요. 하얀색 날개에 까만 점이 하나, 둘, 셋…… 여섯 개예요. 정말 예뻐요.

**진욱** 와, 정말! 장난감 하늘소처럼 생겼네. 귀엽다.

**새벽들** 점박이염소하늘소란다. 주로 뽕나무에서 보이는데 밤에 등화에도 찾아오지. 어, 저기 나뭇잎에도 귀여운 하늘소가 한 마리 있구나. 저기 보이니?

**영서** 네, 보여요. 쟤도 아주 귀엽게 생겼어요. 쟤는 누구예요?

점박이염소하늘소

홀쭉하늘소

**새벽들** 홀쭉하늘소란다.

**진욱** 진짜 홀쭉한데요? 이름 한번 잘 지었다, 헤헤.

**새벽들** 홀쭉하게 생겨서 약해 보여도 어른벌레로 겨울을 나는 강한 녀석이란다. 등화에도 잘 찾아오지.

**영서** 하늘소도 참 매력적이에요. 크고 우람한 아이도 있고, 홀쭉이나 점박이염소 같은 귀여운 아이도 있고요. 큰 아이는 하늘을 나는 소 같고 작은 아이는 요정 같아요, 후후.

**새벽들** 하늘소와 하늘요정. 멋진데!

**진욱** 아, 그 하늘소는 안 보이네요? 벌 닮은 애요. 벌인 줄 알고 놀라 도망쳤는데 알고 보니 하늘소인 그애요.

**영서** 아하, 저도 알아요. 진짜 벌처럼 노란 줄무늬에 털도 많던데. 정말 그 하늘소는 안 보이네요. 또 아주 화려한 주황색 하늘소도 있던데······.

**새벽들** 범하늘소를 말하는구나. 영서가 말한 하늘소는 주홍하늘소 무리야. 그 녀석들은 낮에 주로 활동해서 밤에는 잘 안 보이지. 등화에 날아오는 경우도 거의 없어. 낮에는 잘 보이지만 밤에는 어디서 잠을 자는지 통 보이질 않는구나.

**영서** 으응, 그래서 안 보이는구나. 하늘소도 낮에 노는 애와 밤에 노는 애가 따로 있나 봐요.

**진욱** 우리처럼 낮에도 놀고 밤에도 노는 하늘소도 있지, 헤헤.

**새벽들** 나도 거기 끼워 줘라, 하하.

## 범하늘소와 주홍하늘소 무리

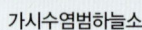
가시수염범하늘소

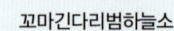
꼬마긴다리범하늘소

벌호랑하늘소

산흰줄범하늘소

육점박이범하늘소

측범하늘소

넉점애호랑하늘소

작은호랑하늘소

소주홍하늘소

무늬소주홍하늘소

모자주홍하늘소

**새벽들** 자, 이제 시간도 늦었으니 슬슬 내려가 볼까? 내려가서 간식 만들어 먹어야지. 밤 곤충 관찰도 중요하지만 캠핑 체험도 중요하니까, 하하. 자, 내려가자.

**영서** 아쉽지만 그럴게요. 더 가고 싶지만 내일 또 오면 되죠. 무엇보다 간식을 먹어야 하니까, 헤헤. 우리 모닥불에 고구마 구워 먹어요.

**진욱** 아저씨, 저기 나뭇잎에 노란색 하늘소가 붙어 있어요. 누구죠?

**새벽들** 어디 보자. 음, 하늘소는 아니고, 하늘소붙이구나. 하늘소와 비슷하게 생겼지만 하늘소는 아니지. 하늘소는 하늘소과에 속하고, 저 녀석은 하늘소붙이과에 속해. 이름은 큰노랑하늘소붙이야.

**영서** 하늘소붙이도 있어요? 무당벌레붙이나 잎벌레붙이만 있는 줄 알았는데……. 또 어떤 애들이 있어요?

**새벽들** 우리 간식 안 먹니? 나 배고픈데. 그럼 너희는 하늘소붙이나 찾아보면서 천천히 와라. 나 먼저 간다~.

**영서, 진욱** 같이 가요!!

노랑하늘소붙이

큰노랑하늘소붙이

시베르스하늘소붙이(큰알통다리하늘소붙이) 수컷

시베르스하늘소붙이(큰알통다리하늘소붙이) 암컷

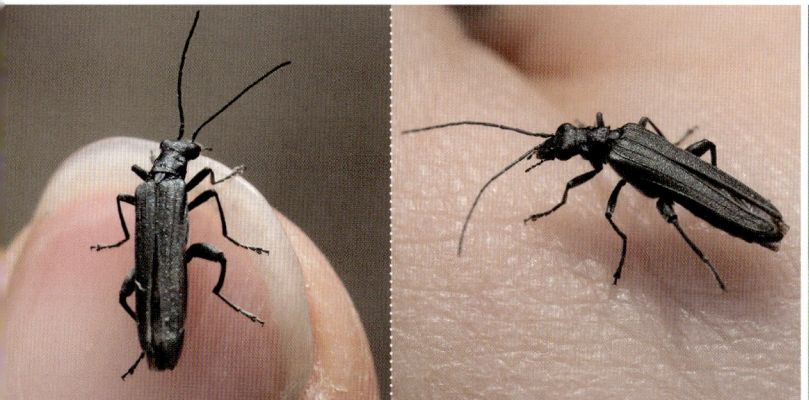

밑검은하늘소붙이(민가슴하늘소붙이라고도 한다)        아무르하늘소붙이

청색하늘소붙이

잿빛하늘소붙이

# 닮은 듯 다른 무당벌레와 잎벌레!

네점가슴무당벌레와 무당벌레

진욱 아저씨, 여기 무당벌레가 왔어요. 아직 시간이 이른데 벌써 왔네요.

영서 옆에도 있는데 색이 달라요. 얘도 무당벌레예요?

새벽들 어디 볼까? 무당벌레가 맞구나. 무당벌레들은 색과 무늬가 다양하기로 유명하지. 전혀 다르게 생겼어도 같은 무당벌레란다.

진욱 이상해요. 어떤 곤충은 조금만 달라도 이름이 다른데, 무당벌레는 이렇게 달라도 같은 종이라니, 왜 그렇죠?

영서 맞아. 어제 본 하늘소도 그렇고, 병대벌레나 먼지벌레들도 조금만 달라도 이름이 달랐잖아요. 그런데 무당벌레는 다 같은 아이라니, 이상해요.

새벽들 분류하는 방식이 달라졌기 때문이지. 예전에는 모양이나 색, 무늬 등 겉모습을 중심으로 분류했지만, 요즘은 현미경으로 염색체를 조사해서 종을 결정하거든. 그래서 겉모습이 달라도 종이 같을 수 있고, 반대로 겉모습이 거의 비슷해도 종이 전혀 다를 수도 있지. 얼마나 다양한 무당벌레가 있는지를 알면 아마 놀랄 걸? 무당벌레는 보통 어른벌레로 겨울을 난단다. 어른벌레도 2~3개월 사니까 이른 봄부터 늦가을까지 볼 수 있어.

영서 무당벌레는 진딧물 사냥꾼이죠?

새벽들 맞아. 녀석들은 진딧물 같은 작은 곤충을 잡아먹고 사는데 애벌레나 어른벌레 모두

등화 관찰

무당벌레 짝짓기

알 낳는 무당벌레

무당벌레 애벌레

무당벌레 번데기

진딧물 사냥꾼이지. 보통 애벌레와 어른벌레 기간을 합해 진딧물을 1천 마리가량 잡아먹는다고 알려졌어. 이 때문에 농약을 쓰지 않고 농사짓는 사람들에게 효자 노릇을 톡톡히 한단다. 이 분야의 연구도 활발하고.

**진욱** 그럼 알도 많이 낳겠네요?

**새벽들** 어른벌레 기간 동안 보통 600~800개 알을 낳는다고 해. 우리가 좀 더 세심하게 관찰하면 굳이 키우지 않고도 주변에서 짝짓기하는 모습이나 알 낳는 모습, 애벌레가 커 가는 과정을 볼 수 있지. 녀석들은 밤에도 볼 수 있고 낮에도 볼 수 있어.

무당벌레 날개돋이

다양한 모양의 무당벌레

긴점무당벌레

**진욱** 그럼 여기 모여 있는 아이들이 다 같은 무당벌레예요?

**새벽들** 그렇진 않아. 자세히 보면 조금씩 달라. 몸이 길쭉한 녀석, 아주 작은 녀석이 있고, 딱지날개 무늬도 조금씩 다르고…….

**영서** 여기 있는 이 아이는 조금 다르게 생겼어요. 딱지날개에 하얀색 점이 많아요. 얘도 그냥 무당벌레인가요?

**새벽들** 긴점무당벌레라고 해. 딱지날개에 긴 하얀색 점이 있어 붙인 이름이야. 주로 소나무에 사는 진딧물을 사냥한다고 알려졌지. 개체마다 조금씩 다르긴 하지만, 등에 있는 하얀색 점무늬가 1-3-2-1 형태로 배열되어 있단다.

**진욱** 정말 그렇네요. 우와, 신기해요.

**영서** 이름이 다른 무당벌레가 많은가요?

**새벽들** 우리나라에 사는 무당벌레만 해도 90여 종이 넘는다고 하니까 꽤 많은 거지.

**진욱** 여기에 아주 작은 무당벌레가 있어요.

**영서** 와, 정말 작네. 꼬맹이가 점은 잔뜩 있네.

**진욱** 이렇게 작아도 진딧물을 잡아먹나요?

**새벽들** 그럼, 작아도 진딧물 사냥꾼이지. 녀석은 네점가슴무당벌레야. 잘 보면 가슴에 네 개의 하얀색 점무늬가 일렬로 있을걸? 그래서 붙인 이름이야. 딱지날개에는 하얀색 점이 12개 있어.

**영서** 그렇네요. 귀여워라. 그럼 점이 모두 16개나 되네.

**새벽들** 그렇구나, 하하. 십이흰점무당벌레도 딱지날개에 하얀색 점이 12개 있어서 네점가슴무당벌레와 비슷하게 생겼어. 그렇지만 가슴에 점무늬 수가 달라서 구별할 수 있단다. 아, 열흰점박이무당벌레도 있는데 이 녀석은 딱지날개에 하얀색 점이 10개라서 앞의 두 녀석과는 쉽게 구별되지. 십이흰점무당벌레는 애벌레나 어른벌레 모두 진딧물 같은 곤충이 아니라 버섯 같은 균류를 먹는다고 해.

가슴에 하얀색 점무늬가 4개 있다.

딱지날개에 하얀색 점무늬가 12개 있다.

네점가슴무당벌레

알을 낳고 있는 네점가슴무당벌레

네점가슴무당벌레 알     네점가슴무당벌레 알과 애벌레     네점가슴무당벌레 애벌레

**진욱** 신기하네요. 무당벌레라고 모두 진딧물을 먹는 건 아니군요.

**영서** 아, 저도 그런 아이 알고 있어요. 이십팔점박이무당벌레는 감자 같은 채소를 갉아 먹는다고 했어요. 할아버지가 그 아이 때문에 감자 농사 망친다고 불평하시던 모습이 생각나요.

딱지날개에 하얀색 점무늬가 12개 있다.

가슴 양쪽에 점무늬만 2~3개 있다. 4개가 나란히 있으면 네점가슴무당벌레다.

십이흰점무당벌레

딱지날개 위에 하얀색 점 10개가 있다. 뒤쪽에 있는 점 두 개는 안 보이는 상태다.

열흰점박이무당벌레

큰이십팔점박이무당벌레 짝짓기

**새벽들** 맞아, 이십팔점박이와 큰이십팔점박이무당벌레는 감자나 토마토, 가지 같은 가지과 식물을 갉아 먹으며 산단다. 채소 농사를 짓는 사람들이 해충으로 다루는 녀석들이지. 생김새도 여느 무당벌레와 달라. 큰이십팔점박이무당벌레 녀석은 몸에 털이 많아서 언뜻 보면 무당벌레 같지 않아. 애벌레도 가시투성이라 보통 무당벌레 애벌레와 다르고. 우리 주변에서 자주 보이는 녀석이지.

감자 잎을 갉아 먹고 있는 큰이십팔점박이무당벌레

큰이십팔점박이무당벌레 애벌레

큰이십팔점박이무당벌레 번데기

딱지날개 무늬가 1-3-2-1 형태로 배열되어 있다.

유럽무당벌레

나무이를 주로 사냥하는 유럽무당벌레

**진욱** 여기에도 하얀색 점이 있는 무당벌레가 있어요.

**영서** 우와, 이렇게 비슷한 무당벌레가 많을 줄이야. 얘는 누군가요? 어디 딱지날개 점이 몇 개 있는지 세어 볼까? 모두 14개네요. 그럼 십사점박이무당벌레인가요? 헤헤.

**새벽들** 그러면 좋겠지만, 그 녀석은 유럽무당벌레라고 해. 우리나라에 사는 무당벌레들은 아시아에서 많이 보이는데 이 녀석은 유럽에서도 보여 그런 이름을 붙였어. 여느 무당벌레처럼 육식을 하는데 진딧물보다는 나무이를 사냥한다고 알려졌지.

**영서** 나무이요?

**새벽들** 응, 나무즙을 빨아 먹고 사는 곤충이지. 애벌레가 하얀 실 뭉치 같은 것을 붙이고 다니는 녀석이 있어.

**진욱** 신기한 곤충도 다 있네요.

**영서** 아저씨, 여기 큰이십팔점박이무당벌레가 있어요. 어라, 감자 잎이 아니라 나뭇잎을 먹고 있네요.

**새벽들** 어디? 정말이네. 왜 나뭇잎을 먹을까? 가만, 등에 있는 점이 다른걸? 모두 10개인데…… 아, 곱추무당벌레구나. 이 녀석은 독특하게 쥐똥나무나 물푸레나무 잎을 갉아 먹고 산다고 해. 점을 세지 않으면 큰이십팔점박이무당벌레와 똑같네.

**진욱** 그렇네요, 몸에 털이 난 것도 비슷해요.

중국무당벌레

**영서** 그럼 얘도 곱추무당벌레예요?

**새벽들** 어, 그 녀석은 점이 좀 다른데? 가슴에 있는 점이 붙어서 한 개처럼 보이지? 그 녀석은 중국무당벌레라고 해. 생김새가 비슷해서 가끔 혼동을 일으키는 녀석이지. 그 녀석도 식물을 먹는데 주로 꼭두서니과의 식물을 먹는다고 알려졌어.

**진욱** 참 비슷한 아이가 많네요. 큰이십팔점박이무당벌레, 곱추무당벌레, 중국무당벌레……, 어휴.

**영서** 이제는 곤충만 아니라 식물도 봐야겠네요. 뭘 먹는가에 따라 이름이 달라지니까요.

**새벽들** 와, 영서가 정말 중요한 걸 발견했구나. 맞아, 곤충을 제대로 알려면 식물도 알아야 해. 곤충과 식물은 서로 관계가 깊으니까.

**진욱** 여기 있는 무당벌레는 작은데 길쭉해요. 딱지날개에 점도 잔뜩 있고요.

**영서** 다리도 엄청 길어요. 보통 무당벌레들은

곱추무당벌레

딱지날개에 점이 13개 있다. 다리가 길다.

열석점긴다리무당벌레

다리가 잘 안 보이는데 애는 다리가 길어서 잘 보여요.

**새벽들** 정말 그렇구나. 몸도 길고 다리도 길고. 어디 보자. 딱지날개에 있는 점이…… 모두 13개구나. 열석점긴다리무당벌레라고 해.

**영서** 다리도 길고, 이름도 길고……. 무당벌레도 만만치 않네요.

**새벽들** 이름보다는 그냥 아, 이러이러한 녀석들이 무당벌레구나 하고 생각하렴. 이 녀석은 작지만 진딧물 사냥꾼이란다. 어른벌레로 겨울을 나고 우리나라에는 다른 무당벌레들보다 개체 수가 적은 편이지. 여기 등불을 보고 왔나 보다. 오늘, 우리가 운이 좋은걸? 참 귀여운 녀석이지.

**진욱** 저기 나뭇잎에 아주 작은 노란색 무당벌레가 있어요. 세상에, 저렇게 작은 무당벌레도

가슴에 검은색 점이 2개 있고 노란색 딱지날개에는 무늬가 없다.

노랑무당벌레

  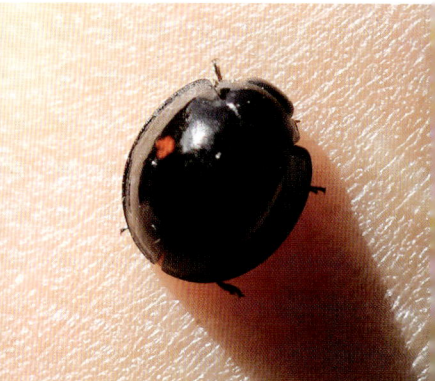

애홍점박이무당벌레  애홍점박이무당벌레의 크기를 짐작할 수 있다.  낮에 본 애홍점박이무당벌레

있네요.

**영서** 귀여워라! 하얀색 가슴에 검은색 점 두 개가 있어요. 쟤는 생긴 게 장난감 같아요. 노란색이라 눈에 확 띄는걸요.

**새벽들** 그래, 귀엽구나. 손전등을 비추니까 눈에 확 띄네. 색깔처럼 이름도 노랑무당벌레란다. 다른 무당벌레와 구별하기 아주 쉬운 무당벌레지.

**진욱** 정말 그래요. 그런 이름만 있으면 좋겠어요, 헤헤.

**영서** 저렇게 작아도, 쟤도 진딧물을 잡아먹겠죠?

**새벽들** 독특하게 저 녀석은 진딧물을 잡아먹지 않고 흰가루병원균 같은 식물 병원균을 먹는다고 알려졌단다.

**진욱** 신기한 아이네요, 색깔도 먹이도······.

**영서** 여기 나무 위에 짝짓기하는 애들이 있어요. 무당벌레로 보이는데 작아요.

**진욱** 빛나는 까만색이네요. 딱지날개에 빨간색 점이 하나씩 있고요. 얘들도 귀엽게 생겼어요.

**새벽들** 애홍점박이무당벌레란다. 아주 작은 무당벌레에 속하지. 너무 작아서 손가락에 올려놓으면 그냥 까만 점으로 보일 정도야. 광택이 나는 까만색에 빨간색 점무늬가 있어 멋져 보이는구나. 사실 낮에 보면 더 멋지단다. 이 녀석은 진딧물보다는 깍지벌레를 잡아먹는다고 알려졌지. 보면 볼수록 깜찍해. 너무 작아서 잘 안 보일 텐데 용케 잘 찾았네.

**영서** 여기 바위 위에도 있어요. 어, 빨간색 점이 없고, 테두리가 빨간색이에요. 같은 아이인가요?

**새벽들** 애홍점박이무당벌레와 크기가 비슷하구나. 이 녀석은 홍테검은무당벌레란다. 생김새와 딱 맞는 이름이지?

**진욱** 그렇네요, 몸은 검은색이고 빨간 테두리가 있으니까 홍테검은무당벌레. 이 아이는 이

홍테검은무당벌레

름 외우기가 쉬워요, 헤헤.

**새벽들** 온통 검은색이지만, 이 녀석을 뒤집어 보면 배 아랫부분이 붉은 갈색이지. 귀여운 녀석이야.

**영서** 여기 풀잎 사이에서 짝짓기하는 무당벌레가 있어요. 애홍점박이무당벌레보다 조금 크지만 작은 무당벌레네요. 누구예요?

**새벽들** 꼬마남생이무당벌레란다. 봄부터 가을까지 보이는데, 작아도 무서운 진딧물 사냥꾼이란다. 이 녀석도 여느 무당벌레처럼 색 변화가 많아. 등에 검은색 십자가 모양이나 점무늬, 특별한 무늬 없이 딱지날개가 주황색이나 온통 까만색이기도 하지.

**진욱** 남생이가 뭐예요?

**새벽들** 남생이는 우리나라 토종 거북으로, 이 녀석 등에 있는 무늬가 그 남생이를 닮아서 붙인 이름이란다. 꼬마남생이무당벌레는 보통 무당벌레의 반 정도 크기이지만 이름이 비슷한 남생이무당벌레는 보통 무당벌레보다 2배가량 크단다. 이른 봄부터 짝짓기하는 모습이나 알을 낳는 모습을 볼 수 있지.

**영서** 남생이를 닮은 무당벌레도 있었네요. 무

꼬마남생이무당벌레 짝짓기

다양한 색깔의 꼬마남생이무당벌레

당벌레는 정말 종류가 많아요.

**새벽들** 남생이무당벌레는 우리나라 무당벌레 가운데 가장 큰 녀석이야. 녀석들은 봄에 짝짓기하고 알을 낳는데, 알이 아주 선명한 주황색이라 눈에 잘 띈단다. 같은 시기에 버들잎벌레도 알을 낳는데, 이 알을 남생이무당벌레 어른벌레가 먹어 치우기도 하지.

진딧물을 잡아먹고 있는 꼬마남생이무당벌레 애벌레

남생이무당벌레 짝짓기

알을 낳는 남생이무당벌레

남생이무당벌레 알

알에서 깨어나고 있는 남생이무당벌레 애벌레

다 자란 남생이무당벌레 애벌레

남생이무당벌레 번데기

날개돋이를 끝낸 남생이무당벌레

남생이무당벌레의 크기를 짐작할 수 있다.

남생이무당벌레와 버들잎벌레 알

버들잎벌레 번데기를 사냥하고 있는 남생이무당벌레 애벌레

우리나라 토종 거북인 남생이 등에 볼록 튀어나온 융기선이 세 줄 있어 다른 거북류와 구별된다.

남생이무당벌레 애벌레도 버들잎벌레 애벌레를 사냥하거나 번데기를 먹어 치우기도 해. 버들잎벌레에서 보면 남생이무당벌레는 무서운 천적이지.

**진욱** 여기 잎 위에 있는 무당벌레는 지금까지 본 아이들과 좀 다르게 생겼어요. 딱지날개에 점무늬도 많고 가슴이 하얀색이에요.

**영서** 남생이무당벌레보다는 작지만 그냥 무당벌레보다는 커요. 누구죠?

**새벽들** 달무리무당벌레란다.

**진욱** 달무리가 뭐예요?

**새벽들** 달 주변에 생기는 희뿌연 테가 달무리인데 이 녀석의 무늬가 그것과 비슷하다고 해서 붙인 이름이라고 해. 애벌레나 어른벌레 모두 소나무에 사는 진딧물을 사냥한단다. 우리나라에 사는 무당벌레 중에서 남생이무당벌레와 더불어 대형 종에 속해.

**영서** 무당벌레가 정말 많네요. 한꺼번에 보니까 정신이 없어요. 그래도 예쁜 무당벌레를 봐서 좋아요.

달무리무당벌레

달무리무당벌레 알

달무리무당벌레 짝짓기

칠성무당벌레 알

칠성무당벌레 애벌레

칠성무당벌레

**진욱** 여기 있는 아인 칠성무당벌레 아닌가요?

**영서** 정말 딱지날개에 점이 7개네. 예뻐요.

**새벽들** 칠성무당벌레가 맞구나. 이 녀석도 체색 변이가 있는 녀석이지. 하지만 모두 딱지날개에 점이 7개 있어서 다른 무당벌레와 구별되지. 애벌레와 어른벌레 모두 진딧물 사냥꾼이란다.

**진욱** 아저씨 여기에 이상한 게 있어요. 등에 가시 같은 것이 붙어 있어요.

**영서** 어디? 정말 이상한 아이네. 뭐예요?

**새벽들** 어디 자세히 좀 보자. 음, 잎벌레 애벌레로 보이는구나. 큰남생이잎벌레 애벌레 같은데 비슷한 녀석이 많아서 확실하진 않아.

**진욱** 남생이라면 우리나라 토종 거북인데.

**영서** 그럼 이 아이 엄마도 무당벌레처럼 생겼어요? 남생이무당벌레도 있었잖아요.

**새벽들** 무당벌레와 잎벌레는 비슷하게 생겼지만 좀 달라. 무당벌레들은 몇 종을 빼고 대부분 육식을 하지만 잎벌레는 식물을 먹고 살지. 더듬이도 좀 달라. 잎벌레는 무당벌레보다 더듬이가 조금 길거든. 큰남생이잎벌레는 아주 멋지게 생겼단다. 금빛이 나지. 주변에서 한번 찾아볼까? 납작하면서 금빛이 나는 곤충이 있을 거야. 잎을 먹으니까 잎 위를 찾아보면 돼.

**진욱** 혹시 얘 아닌가요? 검은색도 있고 금색도 있어요.

**영서** 와, 정말 신기하게 생긴 곤충이네. 비행접시처럼 보여요. 자세히 보니 다리도 있고 더듬이도 있네. 귀여워라.

**새벽들** 어디? 오, 잘 찾았구나. 그 녀석이 바로 큰남생이잎벌레란다. 어때, 거북이를 좀 닮았니?

**영서** 네, 금거북이를 닮았어요. 애벌레도 신기하고 어른벌레도 신기하네요.

큰남생이잎벌레 애벌레          큰남생이잎벌레

**새벽들** 애벌레 등에 있는 가시 같은 것은 애벌레 똥이란다.

**영서** 똥이요? 으~ 더러워.

**새벽들** 바로 그걸 노린 거야. 애벌레는 몸이 너무 약해서 자기 똥을 뒤집어쓰고 다니며 몸을 보호하지. 천적이 더러워서 피하는 걸 노리는 거야.

**진욱** 무당벌레에도 남생이가 있고 잎벌레에도 남생이가 있네요.

**새벽들** 그렇지, 하하. 비슷한 녀석으로는 등에 금색 X 자 모양이 있는 금자라남생이잎벌레, 엑스자남생이잎벌레, 루이스큰남생이잎벌레도

금자라남생이잎벌레       엑스자남생이잎벌레       루이스큰남생이잎벌레

청남생이잎벌레　　　　청남생이잎벌레(갈색형)　　　　적갈색남생이잎벌레

있고, 적갈색남생이잎벌레 그리고 청남생이잎벌레가 있단다. 신기하게도 청남생이잎벌레는 연두색과 연한 갈색이 있지. 무당벌레만큼은 아니어도 체색 변이가 있는 셈이야.

**진욱** 여기에도 금색이 나는 곤충이 있어요. 얘도 잎벌레인가요?

**새벽들** 어디 보자, 잎벌레가 맞구나. 노랑가슴녹색잎벌레라고 이름이 긴 녀석이란다. 다래나무 잎을 먹는다고 알려졌지.

**진욱** 이름처럼 가슴이 노란색에 몸은 초록색이네요.

**새벽들** 맞아. 비슷한 녀석으로 참금록색잎벌

노랑가슴녹색잎벌레

앞가슴 등판이 앞쪽으로 좁아진다.

참금록색잎벌레

레가 있어. 이 녀석과 다른 점은 가슴이 앞으로 갈수록 좁아지지. 참금록색잎벌레도 초록색형과 남색형이 있단다.

**진욱** 우리 주변에 잎벌레도 많네요. 또 보고 싶어요.

**영서** 잎벌레를 자주 볼 수 있나요?

**새벽들** 잎벌레는 주로 낮에 활동해서 밤에는 그리 많이 보이지는 않아. 잎이 자라기 시작하는 봄에 더 많이 보이고. 등불에도 잘 오지 않아서 밤에 잎벌레를 많이 보긴 힘들지. 그래도 우리 주변에 있는 잎벌레를 알아볼까?

**영서** 네, 좋아요.

**진욱** 궁금해요, 알려 주세요.

검정오이잎벌레

남색잎벌레

벼뿌리잎벌레

돼지풀잎벌레

쌍색수염잎벌레

등줄잎벌레

중국청람색잎벌레

딸기잎벌레

박하잎벌레

밤나무잎벌레

배노랑긴가슴잎벌레

버들꼬마잎벌레

버들잎벌레　　　　　　　　　　벼룩잎벌레

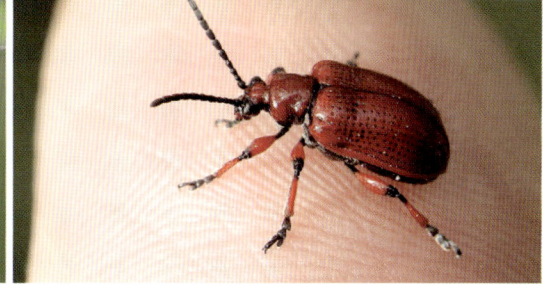

붉은가슴잎벌레　　　　　　　　백합긴가슴잎벌레

사시나무잎벌레　　　　　　　　상아잎벌레

수중다리잎벌레

열점박이잎벌레

일본잎벌레            청줄보라잎벌레

톱가슴잎벌레

넉점박이큰가슴잎벌레

크로바잎벌레

팔점박이잎벌레

한서잎벌레

호두나무잎벌레

흑가슴잎벌레

황갈색잎벌레

사과나무잎벌레

소요산잎벌레

어리장수잎벌레

참더듬이긴잎벌레

맵시꼽추잎벌레

파잎벌레

## 잎벌레와 비슷한 잎벌레붙이

큰남색잎벌레붙이 번데기

큰남색잎벌레붙이

털보잎벌레붙이

중국잎벌레붙이

# 목이 긴 거위벌레, 주둥이가 긴 바구미!

황철거위벌레

**영서** 여기 거위벌레 알집이 있어요. 안에 알이 들어 있어 요람이라고 하죠?

**진욱** 어, 그렇네. 여름에도 요람이 있다니, 신기해요. 그리고 땅에 떨어져 있지 않고 매달려 있네. 이상하다.

**영서** 맞아. 우리가 아는 거위벌레는 봄에 요람을 만들잖아. 또 요람이 나무에 매달려 있지 않고 땅에 떨어져 있고.

**새벽들** 어디 보자. 느티나무 잎을 말아서 요람을 만들었구나. 주변을 한번 찾아볼까? 이 요람을 만든 주인공을 찾을 수 있을 거야.

**진욱** 혹시 얘네 아니에요? 여기 나뭇잎에서 짝짓기하는 애들이 있어요.

**영서** 어, 그 옆에도 있어. 쟤는 배가 고픈지 나뭇잎을 열심히 갉아 먹네.

느티나무 잎에서 짝짓기하는 등빨간거위벌레

등빨간거위벌레가 느티나무 잎으로 만든 요람

느티나무 잎을 먹고 있는 등빨간거위벌레

등빨간거위벌레 요람(흑느릅나무)

등빨간거위벌레가 먹은 느티나무 잎

요람

요람을 만들고 있는 등빨간거위벌레

**새벽들** 잘 찾았구나. 등빨간거위벌레란다. 주로 느티나무나 느릅나무 잎을 갉아 먹으면서 살고, 그 잎을 말아서 요람도 만들지. 요람 속에는 보통 알이 하나 들어 있어.

**진욱** 우리가 아는 거위벌레가 아니에요. 우리가 본 아이는 참나무 잎으로 요람을 만들어서 땅에 떨어뜨리던데.

**새벽들** 너희가 말하는 녀석은 왕거위벌레일 거야. 주로 봄에 참나무 잎으로 요람을 만들지. 또 요람을 잎에 매달지 않고 땅으로 떨어뜨리고. 어때, 나무도 다르고 생김새도 다르지?

**영서** 아, 우리가 본 아이는 왕거위벌레였구나. 거위벌레는 한 종만 있는 줄 알았죠. 신기해요.

**새벽들** 우리 주변에 생각보다 거위벌레들이 많이 산단다. 요람을 만드는 시기도 조금씩 다르고, 먹이 나무도 다르지. 밤 곤충 탐사를 다니면 봄부터 볼 수 있고, 여름에 보이는 녀석도 있어. 가끔 등화 천에 날아오는 녀석도 있지.

**영서** 우리가 본 아이가 왕거위벌레라면 그냥 거위벌레도 있나요? 걔는 무슨 나무로 요람을 만들어요?

**새벽들** 오리나무와 가래나무로 요람을 만드는 녀석이 바로 거위벌레지. 그 녀석도 등빨간거위벌레처럼 요람을 만들어서 나무에 매달아둔단다. 두 녀석의 어른벌레 모양은 비슷한데 색이 조금 달라.

**영서** 왜 이 아이들을 거위벌레라고 해요?

왕거위벌레의 크기를 짐작할 수 있다.

**새벽들** 거위처럼 목이 길고, 둥그스름한 딱지날개가 거위 엉덩이를 닮아서 붙인 이름이지. 숲속의 재단사라는 별명으로 더 잘 알려진 녀석이란다.

**진욱** 저것도 거위벌레 요람 아닌가요? 등빨간 거위벌레 요람보다는 커요.

**새벽들** 맞아, 거위벌레가 만든 거지. 개모시풀이라는 식물인데 거기에 요람을 만든 녀석은

밤에 본 왕거위벌레

왕거위벌레 요람과 그 속에 든 알

개암거위벌레 거위벌레와 생김새 차이는 거의 없고, 등에 있는 줄무늬 깊이로 구별된다.

꼬마혹거위벌레란다.

**영서** 요람은 큰데 왜 이름에 꼬마라는 낱말을 붙였죠? 거위벌레가 작나요?

**새벽들** 응, 아까 본 등빨간거위벌레보다 작지. 보통 7월이면 요람을 다 만들던데…… 좀 늦게 요람을 만드나 보구나. 주변을 잘 찾아보면 잎 어딘가에 있을 거야.

**진욱** 요람이 크면 그 안에 알이 많이 들어 있

꼬마혹거위벌레 요람과 그 속에 든 알

어요? 왕거위벌레 요람에는 알이 하나 들어 있잖아요.

**새벽들** 그렇진 않아. 아저씨도 그 점이 궁금해서 열어 봤는데 알이 하나만 들어 있더라.

**영서** 아저씨, 여기 찾았어요! 진짜 작아요. 요 까만 아이 맞죠?

**진욱** 어디? 와~ 정말 작다. 요 아이가 만든 요람이라니, 신기해요.

**영서** 몸은 까만데 다리는 노란색이야. 등에 혹 같은 것도 있네요. 아까 이름이 뭐라고 그러셨죠?

**새벽들** 꼬마혹거위벌레.

**영서** 이름과 잘 어울려요. 아주 예쁜 거위벌레네요, 헤헤.

**진욱** 요렇게 작은 거위벌레가 있다니. 혹시 더 작은 거위벌레도 있나요?

**새벽들** 글쎄다, 정확하게 재보지 않아서······. 크기가 비슷한 노랑배거위벌레는 싸리나무나 아까시나무 같은 콩과 식물의 잎을 말아서 요람을 만들지. 요람이 주렁주렁 구슬처럼 매달려 있는 게 아주 예쁘단다. 전체적으로 광택이 나는 검은색이지만 배가 노란색이라 붙인 이름이야. 5월 말부터 보이기 시작하는 거위벌레지. 또 비슷한 시기에 활동하는 북방거위벌레

꼬마혹거위벌레

싸리나무 잎으로 만든 노랑배거위벌레 요람과 그 속에 든 알

노랑배거위벌레

라는 녀석은 크기와 모양이 비슷하지만 몸 전체가 검은색이라 배만 노란 노랑배거위벌레와는 구별된단다.

**영서** 거위벌레는 신비로운 곤충이네요. 알 하나를 낳으려고 저렇게 튼튼하고 멋진 요람을 만들다니!

**진욱** 모든 거위벌레가 요람을 나뭇잎 한 장으로 만드나요?

**새벽들** 거위벌레 대부분이 나뭇잎 한 장으로

북방거위벌레

뿔거위벌레 요람(신나무 잎)

뿔거위벌레

신나무 잎 2~3장으로 요람을 만든 뿔거위벌레

뿔거위벌레 암컷 | 뿔거위벌레 수컷 어깨에 뿔 같은 돌기가 있다. | 뿔거위벌레 짝짓기 | 뿔거위벌레의 크기를 짐작할 수 있다.

요람을 만드는데 뿔거위벌레는 신기하게도 나뭇잎 2~3장으로 요람을 만든단다. 주로 신나무로 만들어 다른 요람보다 좀 크고 튼튼하지.

**영서** 뿔이요? 그 거위벌레엔 장수풍뎅이 같은 뿔이 있나요?

**새벽들** 그렇게 큰 뿔은 아니고, 작은 돌기가 양 어깨에, 그것도 수컷에만 있단다. 이 녀석들은 뿔도 뿔이지만, 아름다운 몸 색깔로 사람들에게 인기를 끄는 거위벌레야. 빛나는 청동색이거든. 주로 6월경부터 보이기 시작하는데, 밤에 이 녀석을 만나면 어두운 숲이 다 환해지는 느낌이야. 이 녀석과 비슷하게 복숭아거위벌레도 몸이 빛난단다. 뿔거위벌레가 초록색이라면 복숭아거위벌레는 자주색에 가깝지. 둘 다 환

복숭아나 매실에 구멍을 뚫고 알을 낳는 복숭아거위벌레

자줏빛 광채가 아름다운 복숭아거위벌레

상적인 색이야. 거위벌레 세계에서 가장 멋쟁이가 아닌가 싶어, 하하.

**진욱** 복숭아요? 그럼 그 녀석은 복숭아나무 잎으로 요람을 만드나요?

**새벽들** 복숭아거위벌레는 주로 복숭아나 매실 같은 나무의 꽃봉오리를 먹고 살아. 요람을 만들지는 않고 과일에 구멍을 뚫어 그 속에 알을 낳는단다. 보통 알을 20~50개 낳는다고 알려졌어. 과일 속에서 깨어난 애벌레는 한 달 정도 자라다가 때가 되면 땅에 떨어져 땅속으로 들어가 번데기를 만들지. 거위벌레라고 모두 요람을 만드는 건 아니야.

**영서** 신기한 거위벌레도 다 있네요. 식물 공부를 해야겠어요. 무당벌레나 거위벌레를 알려면 식물도 알아야 하니까요.

**진욱** 으~ 식물 이름까지……. 멀고도 힘든 곤

충 박사의 길이여~. 또 어떤 거위벌레가 있어요?

**새벽들** 노박덩굴에 요람을 만드는 어깨넓은거위벌레, 병꽃나무 잎을 말아서 요람을 만드는 분홍거위벌레, 그리고 팽나무 잎으로 요람을 만드는 알락거위벌레도 있지.

병꽃나무 잎 요람과 분홍거위벌레

어깨넓은거위벌레가 노박덩굴 잎으로 만든 요람

어깨넓은거위벌레

팽나무 잎 요람과 알락거위벌레

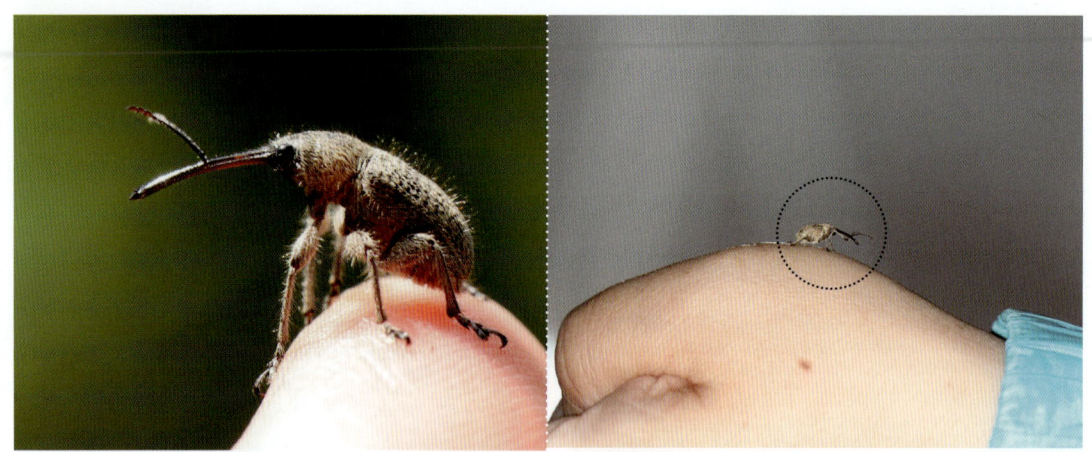
도토리거위벌레의 크기를 짐작할 수 있다.

**영서** 어, 저기 나뭇잎 위에 주둥이가 엄청 긴 아이가 있어요. 털이 숭숭 털보예요.

**진욱** 저 아이도 거위벌레인가요?

**새벽들** 어디 보자. 음, 도토리거위벌레구나.

**영서** 그럼 재도 요람을 만들어요?

**새벽들** 아니, 저 녀석도 복숭아거위벌레처럼 열매를 뚫어 그 속에 알을 낳지. 저 날카로운 주둥이로 도토리에 구멍을 내고 그 구멍 속에 산란관을 꽂고 알을 낳는단다. 보통 20~30개 낳는다고 해. 알을 낳은 도토리는 나무에 매달아두지 않고 땅으로 떨어뜨려. 그냥 떨어뜨리면 알이 다칠 수 있으니까 나뭇잎이 2~3장 달린 나뭇가지를 잘라 함께 떨어뜨리지. 이때 나뭇잎이 낙하산 역할을 하는 거야.

**영서** 와, 엄청 머리가 좋네요. 그런데 왜 땅으로 떨어뜨려요?

**새벽들** 알에서 깨어난 뒤 겨울이 오기 전에 땅

도토리거위벌레 암컷

도토리거위벌레 수컷 어깨에 뿔 같은 돌기가 있다.

도토리거위벌레가 알을 낳은 흔적 / 알을 낳은 자리

도토리거위벌레 알

속으로 들어가야 하거든. 높은 나무에서 땅으로 내려오려면 힘드니까 미리 땅에 떨어뜨려 놓는 듯해. 애벌레 상태로 땅속 흙집에서 겨울을 난 뒤 봄에 번데기를 만들고 날개돋이를 한다고 알려졌단다.

**진욱** 저도 그런 도토리 봤어요. 나뭇가지를 마치 톱으로 자른 것 같더라고요. 거기에 매달린 도토리에 까만 점이 있고요.

**새벽들** 맞아, 도토리거위벌레가 한 것이란다. 까만 점은 알을 낳은 곳이지. 가끔 등불에도 날아오는 친근한 녀석이야.

**영서** 음, 도토리거위벌레는 보통 거위벌레와는 좀 달라 보여요. 거위벌레들은 대부분 목이 긴데 쟤는 주둥이가 길어요. 뿔거위벌레와 복숭아거위벌레도 그렇고요.

**새벽들** 와, 영서가 대단한 차이를 찾아냈구나. 맞아, 보통 거위벌레들과는 좀 다르지. 목이 긴 기린과 코가 긴 코끼리처럼 말이야. 보통 겉모습에서 목이 긴 녀석은 거위벌레이고, 주둥이가 긴 녀석은 바구미이거든. 하지만 도토리거위벌레나 뿔거위벌레 그리고 복숭아거위벌레의 생김새는 바구미이지만 거위벌레란다.

**진욱** 아, 맞아. 생각났어요. 주둥이가 엄청 긴 곤충을 본 적이 있어요. 밤바구미였던 것 같아요. 밤을 먹다 보면 안에서 애벌레 같은 게 나오잖아요? 그 애벌레 엄마라고 했어요.

**새벽들** 오, 진욱이가 밤바구미를 아는구나. 맞아, 주둥이가 엄청 긴 밤바구미 녀석들이 있단다. 도토리에 알을 낳는 도토리밤바구미, 개암나무 열매에 알을 낳는 개암밤바구미 그리고 밤에 알을 낳는 밤바구미, 검정밤바구미 녀석, 모두 밤바구미 종류야.

**영서** 도토리밤바구미도 열매를 땅에 떨어뜨리면 도토리거위벌레 알과 어떻게 구별해요?

도토리밤바구미

등화 천에 날아온 도토리밤바구미

도토리밤바구미의 크기를 짐작할 수 있다.

**새벽들** 두 녀석의 주둥이 기능이 조금 달라. 길이는 도토리밤바구미가 훨씬 길지만 나뭇가지를 자르는 기능, 곧 톱 같은 기능이 없고 구멍을 뚫는 송곳 같은 기능만 있어. 도토리거위벌레는 톱과 송곳 기능이 다 있지. 만약 나뭇잎이 붙은 도토리에 알을 낳은 흔적이 있으면 그건 도토리거위벌레가 한 것이고, 그냥 도토리에 알을 낳은 흔적이 있으면 도토리밤바구미가 한 거야.

흰띠밤바구미

딱지날개 뒤에 연한 노란색 줄무늬가 있다.

등화 천에 날아온 밤바구미

낮에 본 밤바구미

개암밤바구미

왕바구미

**진욱** 저기 참나무 종류 같은데, 수액이 흐르는 곳에 뭔가가 많이 있어요.

**영서** 어, 쟤들도 주둥이가 기네. 그럼 바구미? 엄청 큰데요.

**새벽들** 왕바구미란다. 우리나라 바구미 중 가장 큰 녀석이지. 참나무 종류 나무진에 잘 모이고 등불에도 찾아온단다. 어른벌레로 겨울을 나는 녀석이지.

**진욱** 그 옆 나무 틈에도 바구미가 있어요. 왕바구미보다는 작지만 그래도 커요.

**영서** 등에 노란색 무늬도 있어요.

**새벽들** 사과곰보바구미란다. 왕바구미보다 작

사과곰보바구미

지만 큰 바구미에 속하지. 노란색 점 같은 건 털 뭉치야. 저 녀석도 가을에 어른벌레가 된 후 그 상태로 겨울을 나지. 애벌레는 밤나무 뿌리를 갉아 먹으며 산다고 알려졌어. 바구미 집안에서 한 덩치 하는 녀석이란다. 당당하고 멋지구나.

비슷한 솔곰보바구미 녀석도 한 덩치 하는데 사과곰보바구미와는 딱지날개 무늬가 달라서 구별된단다. 어른벌레는 주로 소나무 같은 바늘나무의 눈을 먹는다고 알려졌어. 애벌레는 나무뿌리나 속껍질을 갉아 먹고. 소나무 벌채목에 돌아다니는 흰모무늬곰보바구미 녀석도 있는데 이름처럼 딱지날개에 하얀색 가루가 덮여 있어서 구별하기 쉽지. 오래된 개체일수록 하얀색 가루가 떨어져 나가 검은색 바구미처럼 보이기도 해.

솔곰보바구미

**진욱** 신기해요. 비슷하게 생겼는데 먹는 것이 다 다르네요. 참나무 수액을 좋아하는 애도 있고 소나무 눈을 좋아하는 애도 있고…….

**영서** 뭐, 우린 안 그런가? 비슷하게 생겼어도 치킨이나 피자 좋아하는 애, 밥하고 국만 좋아하는 애, 또 나처럼 다 잘 먹는 애도 있고, 헤헤.

**진욱** 너 그러다 뚱보 된다, 헤헤.

흰모무늬곰보바구미

큰뚱보바구미

낮에 본 큰뚱보바구미의 크기를 짐작할 수 있다.

**새벽들** 바구미계에도 뚱보가 있지. 그냥 뚱보도 아닌 큰 뚱보!

**영서** 에이, 거짓말! 놀리시려고 그러는 거죠?

**새벽들** 아니야. 큰뚱보바구미라고 진짜 있어.

유럽에서 살다가 미국과 일본을 거쳐 우리나라에 적응해서 사는 바구미야. 주로 토끼풀 같은 콩과 식물의 풀이나 작물을 먹는다고 알려졌지. 주둥이가 짧고 두툼해서 녀석이 몸을 웅크리면 꼭 새끼 곰처럼 보인단다, 하하.

**진욱** 영서처럼요? 헤헤.

**영서** 너, 이리 와. 가만 안 둔다.

**진욱** 아얏! 으, 따가워~.

**영서** 왜 그래? 벌에게 쏘인 거야. 아니면 쐐기나방?

**진욱** 몰라. 그냥 따가워.

**새벽들** 어디 보자. 엉겅퀴 가시에 찔렸구나. 따갑겠지만 곧 괜찮아질 거야.

**영서** 쌤통이다. 메롱~.

**진욱** 이런 따가운 식물을 먹는 곤충도 있을까? 으, 따가워~.

**새벽들** 당연하지. 엉겅퀴처럼 가시가 많은 잎에 주둥이를 꽂고 즙을 빨아 먹는 바구미도 있어. 이름도 엉겅퀴창주둥이바구미라고 한단다. 아주 작아서 자세히 살펴보지 않으면 바구미인 줄 모를 정도란다.

**진욱** 주둥이요? 왜 이름에 주둥이가 붙죠?

**새벽들** 녀석들은 작지만 보통 바구미보다 주둥이가 좀 길어 보이지. 이 때문에 주둥이바구미라고 이름 붙인 게 아닌가 싶어. 크기가 1센티미터도 안 되지만 나름 개성이 있는 바구미들이란다. 옥색 가루를 뒤집어쓴 왕주둥이바구미, 갈색의 칠주둥이바구미 그리고 상수리주둥이바구미도 있지.

**영서** 별별 바구미가 다 있네요. 저렇게 작은 바구미도 이름이 다 있는 게 신기해요. 왕바구미처럼 큰 바구미도 있고 주둥이바구미처럼 작은 바구미도 있고, 바구미도 참 신비로운 곤충이에요.

엉겅퀴창주둥이바구미

상수리주둥이바구미

몸에 옥색 가루가 벗겨진 왕주둥이바구미

왕주둥이바구미

칠주둥이바구미

서 붙인 이름이지. 주로 칡에서 많이 보인단다.

**영서** 가만있으니까 새똥처럼 보여요.

**새벽들** 맞아, 그게 그 녀석 방어 전략이지. 저렇게 해도 통하지 않으면 땅으로 떨어져서 죽은 척한단다. 아저씨가 죽은 척이라고 했지만, 실제로 기절한다고 해. 비슷한 바구미로 주로 버드나무에서 보이는 극동버들바구미가 있는

**진욱** 여기 있는 이 녀석은 꼭 판다처럼 생겼어요. 제가 다가가니까 얼굴을 가슴에 폭 파묻고 꼼짝도 안 해요. 얘도 바구미인가요?

**새벽들** 배자바구미라고 해.

**영서** 배자요? 배자가 뭐예요?

**새벽들** 한복에 덧입는 조끼 같은 건데 이 녀석 몸에 있는 무늬가 꼭 조끼를 입은 것 같다고 해

배자

배자바구미

극동버들바구미

데 버드나무만 아니면 진짜 배자바구미와 비슷하단다. 칡에서 봤으면 배자바구미, 버드나무에서 봤으면 극동버들바구미지.

**진욱** 쟤도 배자바구미예요? 칡잎에 있는 애요.

**영서** 조금 다른 것 같기도 한데? 어, 등에 작은 뿔 같은 게 있어.

**새벽들** 혹바구미란다. 영서 말대로 딱지날개에 작은 혹 같은 돌기가 있어서 붙인 이름이야. 칡 같은 콩과 식물의 잎을 먹지. 저 녀석도 가까이 다가가면 바로 떨어져 기절한단다. 애벌레는 나무뿌리를 갉아 먹으며 산다고 알려졌어.

**진욱** 바구미 이름들이 재미있어요. 주둥이가 길면 주둥이바구미, 혹이 있으면 혹바구미, 제일 크면 왕바구미, 몸에 곰보 무늬가 있으면 곰보바구미, 뚱뚱하면 뚱보바구미, 배자를 입으면 배자바구미, 헤헤.

혹바구미

가시길쭉바구미

산길쭉바구미

**영서** 그럼 길쭉하면 길쭉바구미, 털이 많으면 털보바구미, 가시가 있으면 가시바구미겠네요, 헤헤.

**새벽들** 오, 맞아. 길쭉한 녀석들은 길쭉바구미,

흰띠길쭉바구미

털보바구미

가시털바구미

털이 많으면 털보바구미 그리고 가시도 있고 털이 있으면 가시털바구미라 하지, 하하.

**영서** 에이, 설마요.

**새벽들** 정말이야, 하하.

**진욱** 여기도 바구미가 한 마리 있어요. 애도 머리를 가슴에 폭 파묻고 있어요.

**영서** 어디? 음, 몸에 색깔이 얼룩덜룩하니까 알락바구미? 맞나요?

**새벽들** 하하, 알락바구미이면 딱 좋을 텐데, 아쉽지만 이 녀석 이름은 민가슴바구미란다. 왜 그런 이름을 붙였는지 잘 모르겠어. 이 녀석에 관한 자료를 검색하면 모습이 여러 가지인데 신기하게 같은 바구미가 맞나 싶을 정도로 다양해. 영서 말처럼 알록달록한 녀석, 허여스름한 녀석, 아예 새까만 녀석도 있지. 아마 이 녀석 몸에 있는 가루가 잘 떨어져서 그런 것 같아. 여느 바구미들보다 가루가 더 잘 떨어져서 가슴에 아무 무늬도 남아 있지 않아 민가슴바

등불에 날아온 민가슴바구미

민가슴바구미

민가슴바구미로 짐작되는 바구미 몸에 가루가 다 떨어져 검은색만 남았다.

구미라는 이름을 붙였나? 이건 순전히 아저씨 상상이란다, 하하. 등화 천에도 가끔 날아오는데 가까이 가면 꼭 저렇게 죽은 척하지.

**새벽들** 산을 한 바퀴 돌고 나니 벌써 텐트촌에 다 왔구나. 등화 천에 어떤 녀석이 왔을까?
**영서** 아저씨, 여기 이상한 아이가 있어요.
**진욱** 그렇네. 거위벌레도 아니고 바구미도 아니고, 혹시 하늘소인가? 처음 봐요.
**새벽들** 1센티미터도 안 되는 녀석인데, 참 신기하게 생겼네.
**영서** 아저씨, 재는 더듬이도 이상해요. 더듬이 중간에 혹 같은 게 있어요.
**새벽들** 아하, 몸이 길쭉하고, 더듬이도 독특한 소바구미 무리구나.
**진욱** 소바구미요?
**영서** 그럼 얘도 바구미예요? 다르게 생겼는데······.

**새벽들** 바구미는 아니야. 바구미처럼 딱정벌레에 속하지만 바구미와는 다른 소바구미과에 속하는 곤충이야. 소처럼 생겨서 붙인 이름이지. 이 녀석은 북방길쭉소바구미라고 해. 수컷은 더듬이 네 번째 마디가 부풀어 있어 암컷과 구별돼.

**진욱** 참 신기한 곤충이 다 있네요. 소바구미, 처음 들어 봐요.

암컷과 달리 수컷은 더듬이 네 번째 마디가 부풀어 있다.

북방길쭉소바구미

북방길쭉소바구미의 크기를 짐작할 수 있다.

**새벽들** 우리나라에 소바구미들이 몇 종 사는데 모두 주둥이가 독특하게 생겼지. 특히 회떡소바구미는 주둥이가 길쭉한 게 마치 동물 가면처럼 보인단다.

**영서** 회떡이요? 소바구미도 이상한데, 회떡은 더 이상해요.

얼굴이 독특하게 생겨서 마치 동물 가면처럼 보인다.

회떡소바구미

소바구미 옆모습

소바구미 얼굴

**새벽들** 그 녀석 몸의 무늬가 회를 덕지덕지 바른 것처럼 보였는지 그런 이름이 붙었구나. 덕지덕지 바른 것을 '떡칠하다'라고 하거든. 이름이 우리흰별소바구미라는 예쁜 녀석도 있지.

**진욱** 정말 이름이 예쁘네요. 소바구미들은 생긴 것만큼이나 이름도 독특해요.

**새벽들** 진욱이 말을 듣고 보니 그렇구나. 아직 이 녀석들에 대한 정확한 생태가 밝혀지지 않아 잘 모르겠지만, 주로 죽은 나무에서 볼 수 있으니 그런 곳에 알을 낳는 것 같다. 앞으로 연구가 더 필요한 녀석들이야.

**영서** 여기 이상한 흔적이 있어요. 누가 파먹은 자국인데 멋진 그림 같아요.

**진욱** 진짜네. 애벌레가 파먹으며 다닌 길 같은데 부챗살 모양으로 아주 멋지다.

**새벽들** 나무좀이라는 곤충 애벌레가 살다간 흔적이지. 저기 부챗살이 모인 곳 있지? 거기가 바로 알자리야. 어미 나무좀이 그곳에 알을 낳았단다. 알에서 깨어난 나무좀 애벌레는 먹이가 겹치지 않게 각자 흩어져 나무속을 파먹으며 살아서 저렇게 작은 굴길이 생긴 거야. 그 길을 갱도라고 하지. 갱도가 부챗살처럼 퍼져 있는 건 서로 피해를 주지 않으려고 흩어져서 산 흔적이야. 함께 모여 있으면 먹이가 부족하니까.

**영서** 와, 신기하다. 이게 애벌레가 파 놓은 거라니. 그럼 여기 갱도 끝에 동그란 자리는 뭐예요?

**새벽들** 거기가 바로 번데기를 만든 곳이란다. 그 동그란 자리에서 번데기 상태로 지내다가 날개돋이 후에 나무껍질을 뚫고 밖으로 나오는 거야.

우리흰별소바구미

먹으면서 이동한 갱도
번데기 자리
나무좀 알자리

나무좀 애벌레가 파 놓은 갱도

**새벽들** 나무좀도 여러 종이 있고…… 좀 독특하게 생겼지. 특히 배 끝이 그렇단다. 사과개나무좀이라는 녀석을 보았는데 배 끝이 꼭 뭔가에 잘린 것처럼 생겼지. 몸도 원통 모양이고. 아마 나무 굴속에서 살기 편한 모양으로 진화한 것 같아.

**진욱** 사과개나무좀이요? 신기한 곤충에, 신기한 이름이네요.

**영서** 여기 아주 작은 아이가 있어요. 너무 작아서 잘 안 보이지만 주둥이를 보니까 바구미 같아요. 여기 등화 천에요.

**새벽들** 오, 바구미구나. 어른벌레가 3밀리미터가량으로 아주 작은 벼물바구미라고 한단다. 벼 잎을 갉아 먹고 살면서 물 아래 잎에 알을

**영서** 참 신기해요. 나무좀이라고 했나요?

**진욱** 어떻게 생겼어요?

살아 있는 물푸레나무에 구멍을 뚫은 낮에 만난 사과개나무좀

벼물바구미

낳아서 붙인 이름이라고 해. 벼농사를 짓는 사람들에게 아주 골치 아픈 녀석이란다.

**진욱** 여기도 작은 바구미가 있어요. 누구죠?

**영서** 신기하게 딱지날개의 무늬가 체스 판처럼 생겼어요, 헤헤.

**새벽들** 정말 영서말대로 체스 판이네, 하하. 물달개비바구미라고 해. 물달개비는 논에 나는 들풀로 농사짓는 사람들에게는 달갑지 않은 잡초일 뿐이야. 물달개비바구미는 바로 이 풀을 먹는단다. 농약을 치지 않고 물달개비를 없애려는 사람들에게 익충으로 관심 받는 바구미지. 이 녀석을 이용하여 친환경농사 짓는 법을 연구한다고 들었거든.

**영서** 참 이상해요. 어떤 애는 해충, 어떤 애는 익충이라 하고……. 그냥 쟤네들은 자기가 좋아하는 풀을 먹을 뿐인데, 사람들이 얘는 해충이다 쟤는 익충이다 하고 가르잖아요.

**새벽들** 맞아, 사람이 기준이 되니까 해충이다 익충이다 하고 가르는 거지. 생명은 다 소중한데…….

**진욱** 물달개비바구미 옆에 있는 아이는 노린재 아니에요? 생김새가 노린재인데요.

**새벽들** 어디? 노린재가 맞구나. 장님노린재과에 속하는 홍색얼룩장님노린재이지.

**진욱** 장님이요? 그럼 쟤는 눈이 없어요?

**새벽들** 홑눈이 없어서 붙인 이름이야. 너희 곤

물달개비바구미

물달개비바구미와 홍색얼룩장님노린재

옻나무바구미 온몸이 도돌토돌하다.

충 눈이 어떻게 이루어져 있는지 알지?

**영서** 그럼요, 겹눈과 홑눈으로 되어 있잖아요.

**새벽들** 그렇지. 곤충은 대부분 겹눈과 홑눈이 있는데 이 노린재는 홑눈이 없어서 장님노린재라는 이름이 붙었단다. 장님노린재는 우리 주변에 많이 보이는 작은 노린재란다. 너무 작아서 우리가 관심을 가지지 않는 거지.

**진욱** 노린재도 등불에 모이는 줄 몰랐어요.

**영서** 저도요. 또 저렇게 작은 노린재도 처음 보고요. 장님노린재라는 이름이 있다는 것도 처음 알았어요. 갑자기 노린재도 궁금해지기 시작하는데요? 헤헤.

**새벽들** 그럼, 우리 노린재 탐사를 좀 해 볼까?

**영서, 진욱** 좋아요~.

**새벽들** 오늘은 늦었으니까 그만 정리하고, 내일 본격적으로 노린재 탐사에 나가자, 어때?

**영서, 진욱** 네, 좋아요!!

# 찾아보기

글에서 찾아보기 쪽수는 검은색으로, 사진에서 찾아보기 쪽수는 파란색으로 구분했어요.

## ㄱ

가는꽃녹슬은방아벌레 97
가슴털머리먼지벌레 29
가시길쭉바구미 196
가시수염범하늘소 144
가시털바구미 197
각시꽃하늘소 135
갈색무늬납작밑빠진벌레 38
강변거저리 49, 50, 67, 69
개암거위벌레 180
개암밤바구미 187, 189
거위벌레 177~179
검은테광방아벌레 103, 104
검정가슴먼지벌레 31
검정꽃무지 88, 89, 93
검정명주딱정벌레 12, 13
검정밤바구미 187
검정송장벌레 59, 60
검정수시렁이 63
검정오이잎벌레 168
검정하늘소 121, 122
고려먼지벌레 31
고려소똥풍뎅이 72
고려줄딱정벌레 13, 14
고려청동방아벌레 104
고오람왕버섯벌레 39, 40
곰보벌레 115

곰보송장벌레 63
곱추무당벌레 157
구슬무당거저리 43, 44
국화하늘소 133
극동긴맴돌이거저리 47, 48
극동버들바구미 194, 195
극동진주거저리 44
금강산거저리 33, 34
금자라남생이잎벌레 166
금줄풍뎅이 78, 79
금털송장벌레 64
금풍뎅이 84
긴다리풍뎅이 84
긴다색풍뎅이 74, 75
긴알락꽃하늘소 134, 135
긴점무당벌레 153
길앞잡이 67, 69
길쭉표본벌레 115
깔따구하늘소 138, 139
깨다시하늘소 128, 129
꼬마검정송장벌레 60
꼬마긴다리범하늘소 144
꼬마길앞잡이 67, 68
꼬마남생이무당벌레 160, 161
꼬마노랑먼지벌레 31
꼬마모래거저리 50
꼬마목가는먼지벌레 31

꼬마혹거위벌레 180, 181
꽃무지 87, 90
꽃하늘소 135
끝무늬먼지벌레 23, 24

## ㄴ

나도진주거저리 44
나무좀 200, 201
날개끝가시먼지벌레 31
남방폭탄먼지벌레 20, 21
남색잎벌레 169
남색초원하늘소 134
남생이무당벌레 161, 162, 163, 164
납작동글먼지벌레 29
넉점각시하늘소 136
넉점박이송장벌레 58, 59
넉점박이큰가슴잎벌레 173
넉점애호랑하늘소 145
넓적가시거저리 49, 50
넓적꽃무지 92, 93
넓적머리대장 115
넓적송장벌레 61
네눈박이밑빠진벌레 37, 38
네눈박이송장벌레 64
네점가슴무당벌레 153, 154
네점무늬무당벌레붙이 52, 53
노란점색방아벌레 103
노랑가슴녹색잎벌레 167
노랑가슴먼지벌레 27
노랑무늬의병벌레 113
노랑무당벌레 158, 159

노랑배거위벌레 181, 182
노랑썩덩벌레 55
노랑줄어리병대벌레 111, 112
노랑줄왕버섯벌레 41
노랑줄점하늘소 130, 131
노랑털검정반날개 66
노랑테가는버섯벌레 36
노랑테먼지벌레 30
노랑테병대벌레 112
노랑팔점긴하늘소 133
노랑하늘소붙이 146
녹색네모하늘소 132, 133
녹슬은방아벌레 96, 97
누런방아벌레 102
느타리버섯벌레 41

## ㄷ

다듬이벌레 115
달무리무당벌레 164
당나귀하늘소 131
대마도줄풍뎅이 78, 79
대모송장벌레 62, 63
대왕긴썩덩벌레 55
대유동방아벌레 101
도토리거위벌레 186~188
도토리밤바구미 187, 188
돼지풀잎벌레 169
두점박이먼지벌레 31
등노랑풍뎅이 81
등빨간거위벌레 177, 178
등빨간먼지벌레 23

등얼룩풍뎅이 82, 83
등점목가는병대벌레 111, 112
등줄잎벌레 169
딸기잎벌레 170
똥풍뎅이 83, 84

## ㄹ

루이스방아벌레 98
루이스큰남생이잎벌레 166
르위스거저리 40, 41

## ㅁ

만주애납작먼지벌레 30
만주점박이꽃무지 90
맴돌이붙이거저리 48
맵시꼽추잎벌레 174
머리대장 115
먼지벌레 31
멋쟁이딱정벌레 11, 12
멋쟁이밑빠진먼지벌레 28
멋조롱박딱정벌레 17
모가슴소똥풍뎅이 71
모라윗왕버섯벌레 39
모래사장먼지벌레 30
모시긴하늘소 133
모자주홍하늘소 145
모진방아벌레 99
목가는먼지벌레 24, 25
목대장 114
묘향산거저리 49, 50
무녀길앞잡이 67, 68

무늬소주홍하늘소 145
무늬이빨먼지벌레 31
무당벌레 149, 150, 151, 152
무당벌레붙이 53
물달개비바구미 202
미륵무늬먼지벌레 30
민가슴바구미 197, 198
민줄딱정벌레 13
밀웜 51
밑검은하늘소붙이(민가슴하늘소붙이) 147
밑빠진버섯벌레 36

## ㅂ

박하잎벌레 170
밤나무잎벌레 170
밤바구미 187, 189
밤빛사촌썩덩벌레 54
방귀무당벌레붙이 34, 35, 52
배노랑긴가슴잎벌레 170
배자바구미 194, 195
백합긴가슴잎벌레 171
버들꼬마잎벌레 170
버들잎벌레 171
버들하늘소 124, 125
벌호랑하늘소 144
범하늘소 143
벼룩잎벌레 171
벼물바구미 201, 202
벼뿌리잎벌레 169
별거저리 50
별줄풍뎅이 78, 79

별홍반디 107
보라거저리 49, 50, 52
보라금풍뎅이 86
복숭아거위벌레 183, 184
북방거위벌레 181, 182
북방곤봉수염하늘소 131, 132
북방긴뿔반날개 66
북방길쭉소바구미 198, 199
북방수염하늘소 141
분홍거위벌레 185
붉은가슴잎벌레 171
붉은가슴좁쌀먼지벌레 31
붉은다리빗살방아벌레 100
붉은산꽃하늘소 136
붉은윤머리먼지벌레 31
빨간색우단풍뎅이 76
뿔거위벌레 183

## ㅅ

사과개나무좀 201
사과곰보바구미 190
사과나무잎벌레 174
사슴풍뎅이 87, 88
사시나무잎벌레 171
산각시하늘소 136
산길쭉바구미 196
산맴돌이거저리 46, 47
산흰줄범하늘소 144
살짝수염홍반디 107
삼하늘소 133
상수리주둥이바구미 193

상아잎벌레 171
서울병대벌레 112
석점박이방아벌레붙이 103, 104
설악머리먼지벌레 31
소나무하늘소 122, 123
소바구미 198, 199
소요산소똥풍뎅이 71, 72
소요산잎벌레 174
소주홍하늘소 145
솔곰보바구미 191
솔수염하늘소 141
송장벌레 57
쇠털차색풍뎅이 78
수검은산꽃하늘소 136
수중다리송장벌레 65
수중다리잎벌레 171
쉬파리 63
시베르스하늘소붙이 146
시이볼드방아벌레 99, 100
십이흰점무당벌레 153, 155
쌍무늬먼지벌레 23, 24
쌍색수염잎벌레 169
쌍색풍뎅이 74, 75
쌍점둥근버섯벌레 35
쌍점박이먼지벌레 30
썩덩벌레 54

## ㅇ

아무르납작풍뎅이붙이 86
아무르하늘소붙이 147
아이누길앞잡이 67, 68

알꽃벼룩  67, 66
알락거위벌레  185
알락하늘소  123, 124
알모양우단풍뎅이  76, 77
알통다리꽃하늘소  137
애딱정벌레  13
애반딧불이  107
애우단풍뎅이  76, 77
애청삼나무하늘소  139
애홍점박이무당벌레  159
약대벌레  109
어깨넓은거위벌레  185
어깨무늬풍뎅이  84
어리장수잎벌레  174
얼룩방아벌레  98
엉겅퀴창주둥이바구미  192, 193
엑스자남생이잎벌레  166
연노랑목가는병대벌레  112
연노랑풍뎅이  82, 83
열두점박이꽃하늘소  137
열석점긴다리무당벌레  158
열점박이잎벌레  172
열흰점박이무당벌레  153, 155
옆검은산꽃하늘소  137
옻나무바구미  203
왕거위벌레  178, 179
왕바구미  190
왕빗살방아벌레  95, 96
왕주둥이바구미  192, 193
왕풍뎅이  73
우단풍뎅이  76

우단하늘소  142
우리딱정벌레  13
우리목하늘소  126, 127
우리흰별소바구미  200
우묵거저리  51
울도하늘소  141
유럽무당벌레  156
육점박이범하늘소  144
윤조롱박딱정벌레  17
의병벌레  113
이마무늬송장벌레  57, 58, 59
이십팔점박이무당벌레  154, 155
일본밑빠진먼지벌레  31
일본잎벌레  172
일본해변먼지벌레  30

작은눈산병대벌레  112
작은모래거저리  49, 50
작은우단하늘소  142
작은호랑하늘소  145
잿빛하늘소붙이  147
적갈색남생이잎벌레  167
점박이긴다리풍뎅이  85
점박이수염하늘소  141
점박이염소하늘소  142
제주거저리  46
제주붉은줄버섯벌레  40
주걱턱방아벌레  102, 103
주둥무늬차색풍뎅이  67, 69, 78
주름밑빠진버섯벌레  37

주홍하늘소 143
주황긴다리풍뎅이 85
줄먼지벌레 25
줄우단풍뎅이 77
줄콩알하늘소 132
중국먼지벌레 30
중국무당벌레 157
중국잎벌레붙이 175
중국청람색잎벌레 169
진홍색방아벌레 105

참검정풍뎅이 75, 76, 88
참금록색잎벌레 167, 168
참금풍뎅이 86
참더듬이긴잎벌레 174
참애송장벌레 65
참콩풍뎅이 84
청남생이잎벌레 167
청동머리먼지벌레 27
청동방아벌레 103, 104
청동하늘소 137
청딱지개미반날개 66
청색하늘소붙이 147
청줄보라잎벌레 172
청줄하늘소 131
초원하늘소 134
측범하늘소 145
칠납작먼지벌레 30
칠성무당벌레 165
칠주둥이바구미 193, 194

카멜레온줄풍뎅이 79, 80
콩풍뎅이 84, 85
크라아츠방아벌레 103
크로바잎벌레 173
큰검정납작밑빠진벌레 38
큰검정풍뎅이 75, 76
큰남색잎벌레붙이 175
큰남생이잎벌레 165, 166
큰납작먼지벌레 30
큰납작밑빠진벌레 38
큰넓적송장벌레 60, 61
큰노랑테먼지벌레 30
큰노랑하늘소붙이 146
큰둥글먼지벌레 29
큰뚱보바구미 192
큰목가는먼지벌레 30
큰빗살방아벌레(검정빗살방아벌레) 100, 101
큰이십팔점박이무당벌레 155, 156
큰털보먼지벌레 26

탈무늬밑빠진벌레 37, 38
털두꺼비하늘소 126, 127, 128
털머리먼지벌레 31
털보바구미 196
털보왕버섯벌레 39
털보잎벌레붙이 175
털보하늘소 130
톱가슴잎벌레 172
톱니무늬버섯벌레 33, 34

톱하늘소 120, 121

### ㅍ
파잎벌레 174
팔점박이잎벌레 173
폭탄먼지벌레 19, 20~22
풀색꽃무지 89, 92, 93
풀색먼지벌레 27, 28
풀색명주딱정벌레 13
풀색하늘소 134
풍뎅이 80, 87, 90
풍이 90, 91

### ㅎ
하늘소 117, 119, 120
한국길쭉먼지벌레 31
한라십자무늬먼지벌레 30
한서잎벌레 173
호두나무잎벌레 173
호랑꽃무지 92, 93
호리병거저리 44, 45
혹가슴잎벌레 173
혹바구미 195
홀쭉꽃무지 92, 93
홀쭉하늘소 143

홈줄풍뎅이 83, 84
홍날개 105, 106
홍다리붙이홍날개 106
홍단딱정벌레 12, 13
홍반디 107
홍색얼룩장님노린재 202
홍줄풀색하늘소 135, 138
홍테검은무당벌레 159, 160
화살하늘소 140
황갈색잎벌레 174
황갈색줄풍뎅이 74
황머리털홍날개 106
회떡소바구미 199
회황색병대벌레 110
흑가슴좁쌀먼지벌레 31
흑다색우단풍뎅이 77
흑진주거저리 44
흰가슴하늘소 131
흰깨다시하늘소 128, 129
흰띠길쭉바구미 196
흰띠밤바구미 188
흰모무늬곰보바구미 191
흰점곰보하늘소 129
흰점박이꽃무지 90, 91

# 참고한 자료

## 책

김선주 · 송재형 글과 사진, 《한국 매미 생태도감》, 자연과 생태, 2017

김성수, 《나비, 나비》, 교학사, 2003

김성수 · 서영호, 《한국나비생태도감》, 사계절, 2011

김용식, 《원색 한국나비도감》, 교학사, 2002

김정환, 《한국 곤충기》, 진선, 2008

김정환, 《한국의 딱정벌레》, 교학사, 2001

김태우, 《메뚜기 생태도감》, 지오북, 2013

동민수, 《한국 개미》, 자연과생태, 2017

박규택 외, 《한국곤충대도감》, 지오북, 2012

박해철, 《딱정벌레》, 다른세상, 2006

백문기, 《한국밤곤충도감》, 자연과생태, 2012

백문기, 《화살표곤충도감》, 자연과생태, 2016

손재천, 《주머니 속 애벌레도감》, 황소걸음, 2006

신유항, 《원색 한국나방도감》, 아카데미서적, 2007

아서 브이 에번스 · 찰스 엘 벨러미 지음, 리사 찰스 왓슨 사진, 윤소영 옮김, 《딱정벌레의 세계》, 까치, 2002

안수정 · 김원근 · 김상수 · 박정규, 《한국 육서노린재》, 자연과생태, 2018

안승락, 《잎벌레 세계》, 자연과생태, 2013

이강운, 《캐터필러 1》, 도서출판 홀로세, 2016

이영준, 《우리 매미 탐구》, 지오북, 2005

임권일, 《곤충은 왜?》, 지성사, 2017

자연과생태 편집부, 《곤충 개념도감》, 필통속 자연과생태, 2009

장현규 · 이승현 · 최웅, 《하늘소 생태도감》, 지오북, 2015

정계준, 《야생벌의 세계》, 경상대학교출판부, 2018

정계준, 《한국의 말벌》, 경상대학교출판부, 2016

정광수, 《한국의 잠자리 생태도감》, 일공육사, 2007

정부희, 《버섯살이 곤충의 사생활》, 지성사, 2012

최순규 · 박지환, 《나의 첫 생태도감 동물편》, 지성사, 2016

허운홍, 《나방애벌레도감 1》, 자연과생태, 2012

허운홍, 《나방애벌레도감 2》, 자연과생태, 2016

## 사이트

곤충나라 식물나라 https://cafe.naver.com/lovessym

국가생물종정보시스템 http://www.nature.go.kr/

한반도생물자원포털 https://species.nibr.go.kr/